Gulliver Taschenbuch 883

Klaus Kordon, geboren 1943 in Berlin, war Transport- und Lagerarbeiter, studierte dann Volkswirtschaft und unternahm als Exportkaufmann Reisen nach Afrika und nach Asien. Heute lebt er als freier Schriftsteller in Berlin. Er gehört zu den bekanntesten Kinder- und Jugendbuchautoren der Gegenwart. Im Programm Beltz & Gelberg erschienen zahlreiche Romane und Erzählungen von ihm, u.a. die Indienromane *Monsun oder Der weiße Tiger* (Friedrich-Gerstäcker-Preis), *Wie Spucke im Sand* (Preis der Ausländerbeauftragten des Berliner Senats, »Silberner Griffel« für die niederländische Ausgabe) und *Der Weg nach Bandung;* die Romane *1848. Die Geschichte von Jette und Frieder, Hundert Jahre und ein Sommer* sowie die Biographie *Die Zeit ist kaputt. Die Lebensgeschichte des Erich Kästner* (Deutscher Jugendliteraturpreis).

Klaus Kordon

Die roten Matrosen
oder
Ein vergessener Winter

Roman

Schulausgabe

Editorische Notiz
»Die Trilogie der Wendepunkte«, bestehend aus den Romanen
Die roten Matrosen oder Ein vergessener Winter, *Mit dem Rücken zur Wand*
und *Der erste Frühling*, erschien im Programm Beltz & Gelberg.
Alle drei Romane gibt es in gekürzter Fassung als Schulausgabe.
Die Textauszüge wurden vom Autor ausgewählt und mit verbindenden
Zwischentexten versehen.

www.beltz.de
Gulliver Taschenbuch 883
© 1984, 2002 Beltz Verlag, Weinheim und Basel
Programm Beltz & Gelberg, Weinheim
Alle Rechte vorbehalten
Schulausgabe
Einbandgestaltung von Max Bartholl
Gesetzt nach der neuen Rechtschreibung
Gesamtherstellung Druckhaus Beltz, 69494 Hemsbach
Printed in Germany
ISBN 3 407 78883 5
1 2 3 4 5   06 05 04 03 02

Berlin im November 1918. Seit vier Jahren ist Krieg, die Menschen hungern. An der Front und in der Heimat wird gestorben.

Die Hauptstadt des Deutschen Kaiserreichs zerfällt in mehrere Stadtteile, in gutbürgerliche und ärmliche. Der ärmste Stadtteil Berlins ist seit jeher der Wedding, die ärmste Straße die Weddinger Ackerstraße – ein Jahrhundert lang berühmt-berüchtigt für Hinterhofelend und Lebensmut.

In der Ackerstraße Nr. 37, vierter Hinterhof, dritter Stock wohnt die Familie Gebhardt. Rudi Gebhardt ist seit vier Jahren im Krieg, seine Frau Marie arbeitet in der Fabrik – wie fast alle Soldatenfrauen des Ersten Weltkrieges. Der dreizehnjährige Helmut Gebhardt, Helle genannt, ist der älteste Sohn der Familie. Vormittags geht er zur Schule, nachmittags muss er sich um seine jüngeren Geschwister kümmern: Martha, sechs Jahre alt, und Hänschen, noch ein Säugling. Während Helle in der Schule ist, sind Martha und Hänschen bei Oma Schulte oben, einer alten Frau, die unter dem Dach wohnt und in Heimarbeit Pantoffelteile zusammennäht. Stundenlang steht die noch nicht mal schulpflichtige Martha neben Oma Schultes Nähmaschine und verpackt die fertigen Pantoffeln in Kartons. Ihre Mitarbeit ist Oma Schultes Lohn dafür, dass sie sich vormittags um Martha und Hänschen kümmert. In der Ackerstraße 37 hat niemand etwas zu verschenken.

Eines Nachmittags, als Helle gerade Hänschen füttern will, verändert sich ihr Leben:

Sei mal still!«
Auf der Treppe sind Schritte zu hören, schwere Schritte, unter denen die Holzstufen knarren. Helle kennt die Schritte aller Hausbewohner, er hockt ja fast jeden Nachmittag in der Küche und hört sie kommen und gehen, diese Schritte jedoch kennt er nicht.

Sofort hört Martha auf zu kippeln und schaut Helle erstaunt an: Die Schritte sind vor ihrer Wohnungstür stehen geblieben – und nun klopft es bei ihnen.

Vorsichtig setzt Helle Hänschen auf den Fußboden, geht zur Tür und öffnet sie einen Spalt weit.

Ein Mann steht vor der Tür, ein Mann in einem Soldatenmantel und mit einem dunklen Vollbart im Gesicht.

»Zu wem wollen Sie denn?«

»Zu wem? Zu dir! Zu Mutter! Zu Martha!« Der Mann lacht vorsichtig.

Der Vater? Dieser Mann ist der Vater?!

»Willste mich nicht reinlassen?«

Nein, Helle möchte diesen Mann nicht hereinlassen. Der Vater, den er in Erinnerung hat, sieht anders aus. Aber der Mann vor der Tür wird ungeduldig, schiebt einfach die Tür weiter auf und tritt in den Flur.

Martha, die von der Küchentür aus den fremden Mann gesehen hat, flitzt gleich in die Schlafstube. Der Soldat bleibt einen Augenblick verdutzt stehen, dann öffnet er die Stubentür, die Martha hinter sich zugeschlagen hat, und ruft laut: »Aber Martha! Du brauchst doch keine Angst zu haben, ich bin's – dein Vater.«

Anstatt zu antworten, kriecht Martha unters Bett.

»Ist ja 'n schöner Empfang.« Missmutig dreht der Vater

sich zu Helle herum. Der schließt die Wohnungstür. So braucht er den Mann im Flur nicht anzusehen.

»Hab mir ja gedacht, dass ihr mich nicht gleich wieder erkennt, aber dass ihr Angst vor mir habt ...«

Still geht Helle in die Küche und nimmt Hänschen wieder auf. Der kleine Bruder starrt mit weit aufgerissenen Augen den großen Mann an, den er noch nie zuvor gesehen hat und der nun in seinem dicken Soldatenmantel die ganze Küchentür ausfüllt. Soll er jetzt weinen oder nicht?

Auch der Vater weiß nicht, was er sagen oder tun soll. Er hat Hänschen auch noch nie zuvor gesehen. »Hänschen?«, fragt er schließlich. »Ist das unser Hänschen?« Und als Helle nickt, streichelt der Vater Hänschen ganz vorsichtig mit zwei Fingern über die Backen.

Hänschen zuckt zurück und plärrt nun doch los, aber Helle tröstet ihn nicht, wiegt ihn nicht, versucht nicht, dem kleinen Bruder zu erklären, dass der große fremde Mann der Vater ist: Der Vater hat die linke Hand genommen, um Hänschen zu streicheln – der rechte Ärmel ist leer!

»Wie alt ist Hänschen denn jetzt?«

»Ein drei viertel Jahr.«

»Ein drei viertel Jahr!«, wiederholt der Vater nachdenklich. »Als ich das letzte Mal auf Urlaub war, war er gerade unterwegs. Weißte noch, wann das war?«

»Weihnachten.« Helle erinnert sich genau an Vaters letzten Urlaub. Damals trug er noch keinen Bart – und er hatte noch beide Arme –, lag jeden Tag lange im Bett und alberte mit Martha herum, warf sie in die Luft und fing sie wieder auf. Martha kreischte jedes Mal und war ganz verliebt in den Vater.

»Und du?«, sagt der Vater. »Du wirst ja jetzt bald dreizehn.«

Helle beißt sich auf die Lippen, ihm ist nach Losheulen zumute, aber er will nicht losheulen.

»Ist ... ist er ... ganz ab?«

»Ja, ganz!« Der Vater setzt sich auf die Fensterbank und schaut zu den Dächern der anderen Häuser hinüber. »Eine französische Granate ... Zwei meiner Kameraden hat sie ganz erwischt, ich hatte Glück, ein Meter nur, ein einziger Meter ... Deshalb konnte ich euch auch nicht schreiben, es ist ja der rechte.«

Martha drückt sich im Flur herum. Sie will in die Küche kommen, traut sich aber nicht.

»Komm doch mal her!«, bittet der Vater. »Erinnerste dich denn nicht mehr daran, wie wir immer zusammen gespielt haben?«

Martha sieht Helle an. Erst als der Bruder ihr zunickt, nähert sie sich vorsichtig dem Vater, der sie genauso vorsichtig auf seinen Schoß zieht. »Weiß ja, ein Jahr ist eine lange Zeit. Damals biste gerade fünf geworden, jetzt wirste bald sechs, bist schon ein richtig großes Mädchen.«

»Weißte, wann ich Geburtstag habe?«

»Na klar! Am Heiligen Abend. Bist doch unser Christkind.«

Da presst Martha den Kopf an Vaters Mantel. Jetzt ist sie endgültig davon überzeugt, dass der Mann mit dem Bart ihr Vater ist.

Helle setzt sich mit Hänschen auf das Küchensofa und füttert ihn weiter. »Die Grütze wird sonst kalt«, entschuldigt er sich.

Der Vater schaut zu.

»Ist sicher nicht leicht für dich, den ganzen Tag auf die Kleinen aufzupassen.«

»Ist ja nur nachmittags, vormittags sind sie bei Oma Schulte.«

»Näht Oma Schulte immer noch Pantoffeln zusammen?«

Helle nickt nur, Martha aber strahlt den Vater an. »Ich helfe ihr dabei.«

»Bist 'n tüchtiges Mädchen.« Der Vater streichelt ihr zärtlich das Haar.

Hänschen will nicht mehr essen. Er schaut den Vater an und macht den Mund nicht auf. Helle versucht, ihm den Löffel zwischen die Lippen zu schieben, Hänschen jedoch verzieht das Gesicht und presst die Lippen so fest zusammen, dass kein Durchkommen ist.

»Der ist aber stur!« Der Vater schmunzelt.

Rasch wendet Helle seinen Trick an. Er hält Hänschen die Nase zu und wartet, bis der Kleine den Mund öffnet, um Luft zu holen, dann schiebt er ihm den Löffel in den Mund. Hänschen schreit und weint aus Protest dicke Tränen, den Brei aber schluckt er runter.

»Bist ja 'n ganz Raffinierter.« Richtig laut lachen muss der Vater nun. Er stellt Martha auf die Füße, zieht sich den Mantel aus, bringt ihn in den Flur und fragt, als er zurückkommt: »Sag mal, haste nicht auch für mich was zu essen?«

»Wir haben nichts mehr.« Helle ist betroffen. Er würde dem Vater gern was vorsetzen, aber es ist nichts mehr da.

»Und was esst ihr heute Abend?«

»Wenn Mutter nichts mitbringt … gar nichts.« Helle muss sich zwingen, nicht immer Vaters leeren Ärmel anzublicken.

»Doch vielleicht bringt sie ja was mit. Sie geht morgens immer an der Markthalle vorbei.«

Mit gerunzelter Stirn nimmt der Vater den Blechnapf vom Haken über dem Wasserhahn, trinkt Wasser aus der Leitung, tritt ans Fenster und schaut danach lange in den Hof hinaus.

»Steht Mutter immer noch bei Bergmann an der Bohrmaschine?«, fragt er schließlich.

»Ja.«

Wieder schweigt der Vater, um dann, noch immer ohne sich umzudrehen, leise zu fragen: »Wart ihr mal bei Erwin?«

Erwin war Vaters Liebling. Er hat es nie gesagt und auch die Mutter hat nie darüber gesprochen, Helle jedoch hat es immer gewusst. Erwin war ganz anders als er, war klein und dick und immer lustig. Der Vater nannte ihn nur Quirl. Auch in seinen Briefen redete er ihn so an. Viele Grüße an Martha, Helle und Quirl stand da jedes Mal.

Als Erwin im Winter vor zwei Jahren an der Hungergrippe starb, hatte der Vater lange nicht geschrieben. Er brauchte viel Zeit, um Erwins Tod zu verwinden. Die Mutter fürchtete damals schon, der Vater mache ihr Vorwürfe, glaube vielleicht, dass sie nicht genügend auf Erwin aufgepasst hätte; und er, Helle, redete sich ein, der Vater hätte es lieber gesehen, wenn er an Erwins Stelle gestorben wäre. Aber natürlich stimmte das nicht. Der Vater hatte ihn auch gern, er hatte ihm das oft genug gezeigt. Er war nur eben immer der Große, war nie so lustig und quirlig wie Erwin.

Der Vater dreht sich um. Er hat noch keine Antwort bekommen.

Schnell erzählt Helle, dass die Mutter jeden dritten oder vierten Sonntag auf den Friedhof geht und dass sie mal Martha und mal ihn mitnimmt. Mehr sagt er nicht, auch nicht, dass er die Mutter gern begleitet. Wenn sie Erwin auch keine Blumen bringen können, weil sie dafür kein Geld haben, so können sie doch Ordnung auf seinem Grab machen, Unkraut herausreißen und an ihn denken.

Einen Augenblick überlegt der Vater noch, dann tritt er an Helle heran und zieht seinen Kopf an sich. Helle ist versucht, sich gehen zu lassen und den Kopf an den Vater zu pressen, aber dann macht er sich rasch los und geht an den Herd, um Abwaschwasser aufzusetzen.

Rudi Gebhardt ist aus dem Krieg zurück, Helle, Martha und Hänschen haben ihren Vater und Marie Gebhardt hat ihren Mann wieder. Das mit Vaters Arm aber geht Helle nicht aus dem Kopf. Und auch nicht, was in der Stadt, im ganzen Land gesprochen wird: nämlich dass jetzt bald Schluss mit dem Krieg sein soll. Und dass man den Kaiser und seine Generäle notfalls mit Gewalt zum Frieden zwingen wird. Darüber sprechen sie eines Tages auch in der Schule.

Die Federn kratzen übers Papier, Fräulein Gatowsky diktiert Rechenaufgaben. Helle taucht seinen Federhalter in das Tintenfass in der Mitte der Bank und schaut zu Ede hin. Ede gibt sich Mühe, der Mund bewegt sich mit beim Schreiben. Doch er tut das nur Fräulein Gatowsky zuliebe, die mag er nämlich, die mögen alle.

Eine neue Rechenaufgabe: »Frankreich verlor in der Winterschlacht in der Champagne von 180.000 Kämpfern 45.000. Wie viel Prozent sind das?«

Wenn die Stunde vorüber ist, haben sie wieder bei Herrn Förster Unterricht. Der Förster hat ihn nun genauso auf dem Kieker wie Ede. Wenn er Pech hat, setzt es wieder Schläge ... Was der Förster wohl tun würde, wenn er ihm mal nicht die Hände hinhält?

»Englands Verluste bis zum 5. Februar 1915 betrugen 100.000«, diktiert Fräulein Gatowsky weiter. »Vielleicht hatte England bis dahin 900.000 Mann zur Front. Wie viel Prozent Verluste sind das?«

Immer nur die Verluste der anderen, nie etwas über die deutschen Verluste. Man könnte doch auch mal solche Aufgaben stellen: Ein Mann hat im Krieg seinen rechten Arm verloren, wie viel Prozent von ihm sind das? A – wenn er Arbeiter ist und seine Hände zur Arbeit benötigt, B – wenn er Beamter ist und mit links schreiben lernen muss, C – wenn er reich ist und nur Anordnungen erteilt? Oder: Von den dreiundzwanzig Jungen der Klasse haben neun ihren Vater verloren, zwei Väter sind Krüppel, einer sitzt, weil er gegen den Krieg streikte, im Gefängnis. A – wie viel Prozent sind tot, B – wie viel Prozent sind Krüppel, C – wie viel Prozent sitzen im Gefängnis?

»Die letzte Aufgabe: Die U 9 hat mit 3 Schüssen zu 15.000 Mark 3 englische Panzerkreuzer in den Grund gebohrt. Wie viel Mark vernichtete ein Schuss? Ein Panzerkreuzer kostet ohne Munition 36,5 Millionen Mark.«

»Und wie viel kostet ein Arm?«

»Wie bitte?«

Helle steht auf. Die Frage ist ihm nur so herausgerutscht, aber nun wiederholt er sie: »Was kostet eigentlich ein Arm?«

»Ein Arm? Wie kommst du denn auf diese Frage?«

»Sein Vater ist aus'm Feld zurück«, ruft Bertie. »Er hat 'n Arm ab.«

Erschrocken klappt Fräulein Gatowsky das Buch mit den Rechenaufgaben zu. »Was deinem Vater passiert ist, tut mir sehr Leid«, beginnt sie danach vorsichtig. »Aber deine Frage hab ich immer noch nicht ganz verstanden.«

Helle denkt an das, was der Vater gesagt hat. »Waffen muss man bezahlen, Waffen kosten Geld. Menschen kosten nichts.«

»Wie kannst du so etwas sagen? Menschenleben sind unbezahlbar, unersetzbar. Das müsstest du doch wissen.«

»Und ein Arm? Oder ein Bein?«

Alle sehen die Lehrerin an, und Helle tut es schon Leid, Fräulein Gatowsky so in die Enge getrieben zu haben. »Ich meine ja nur«, entschuldigt er sich, »wir müssen immer ausrechnen, was die Waffen kosten oder wie viel Prozent Verluste die Engländer oder Franzosen hatten. Was ein Mensch kostet, rechnen wir nie aus.«

Da dreht Fräulein Gatowsky sich um und schnäuzt sich. Helle schaut auf sein Heft. Vielleicht denkt Fräulein Gatowsky jetzt an ihren Verlobten, der Offizier war und gleich im ersten Kriegsjahr gefallen ist. Nur deshalb blieb sie Lehrerin. Wenn ihr Verlobter nicht gefallen und sie seine Frau geworden wäre, hätte sie von der Schule abgehen müssen: Lehrerinnen dürfen nicht verheiratet sein ...

Nun geht Fräulein Gatowsky zur Tafel, nimmt ein Stück Kreide und wandert mit der Kreide in der Hand durch die Reihen. Die Klasse wird unruhig, irgendwo raschelt Papier, einer scharrt mit den Füßen auf dem Fußboden. »Es muss schlimm für euch sein, solche Aufgaben lösen zu müssen, während eure Väter ... Aber diese Aufgaben stehen so im Lehrbuch, wir sind verpflichtet, sie euch zu stellen.«

»Auch jetzt noch?«

Günter Brem fragt das.

»Wie meinst du das?«

»Na, der Krieg ist doch bald zu Ende. Und ... vielleicht haben wir ja bald 'ne neue Regierung.«

Fräulein Gatowsky erschrickt. »Günter! Das will ich nicht gehört haben.«

»Und warum nicht? Es reden doch alle davon.«

Die Lehrerin legt die Kreide fort und geht wieder durch die Reihen. »Ich darf diese Fragen nicht so beantworten, wie ich sie euch gerne beantworten möchte. Ich darf die U-Boote in den Rechenaufgaben nicht in Dampfmaschinen umändern, ich darf aus den Granaten keine Birnen machen, wenn ich nicht entlassen werden will ...« Das Klingelzeichen! Aber keiner blickt wie sonst erlöst zum anderen, alle bleiben still.

»Vielleicht hat Günter ja Recht und es wird wirklich bald alles ganz anders, aber noch ist es nicht so weit.« Fräulein Gatowsky seufzt, packt ihre Bücher und Hefte zusammen und verlässt nachdenklich die Klasse.

Bommel, der nur darauf gewartet hat, tritt nach vorn, legt die Kuppen seiner Mittelfinger auf die Daumenspitzen und blinzelt durch die Hände wie Fräulein Gatowsky ab und zu durch ihre Brille. »Was kostet ein Fingernagel? Was kostet ein Ohrläppchen? Was kostet ein Furz?«

Es lacht niemand. Der lange Heinz aber springt auf, stürzt sich auf Bommel und schlägt voller Wut auf ihn ein.

»War ja nur Spaß!«, schreit Bommel. »War ja wirklich nur Spaß!«

Es war wirklich nur Spaß, aber ein so dummer, dass niemand Bommel zu Hilfe kommt.

Es klingelt zur nächsten Stunde, eine Förster-Stunde. Sorgfältig ordnen die Jungen noch einmal ihre Hefte und Bücher, die in einer bestimmten Anordnung auf dem Tisch liegen müssen, wenn Herr Förster nicht fuchsteufelswild werden soll. Doch es vergehen zwei, drei Minuten und Herr Förster kommt nicht. Die Jungen werden unruhig, bleiben aber weiter hinter ihren Tischen sitzen. Es ist noch nie passiert, dass Herr Förster zu spät zur Stunde gekommen ist; vielleicht steht er vor der Tür und lauert auf den Ersten, der es nicht mehr aushält und aufsteht.

Es vergehen weitere Minuten. Die Jungen sehen sich an. Irgendwas stimmt da nicht.

Endlich sind Schritte zu hören, doch es ist nicht Herr Förster, der da kommt. Herr Förster tritt fest und steif auf und trotz seines Hinkens klappen seine Schuhe hart auf den gekachelten Fußboden und hallen laut im Flur wider. Die Watschelschritte, die jetzt zu hören sind, verursachen ein schmatzendes und beinahe gemütliches Geräusch. Doch das täuscht, denn diese Schritte kennen die Jungen auch: Der kleine, dicke Rektor Neumayr mit der polierten Glatze ist es, der da kommt.

Sofort steht die Klasse auf und jeder stellt sich stockgerade neben seine Bank.

Der Rektor betritt die Klasse. »Guten Morgen.«

»Guten Morgen, Herr Rektor!«

Mit umständlichen Worten teilt Rektor Neumayr der Klasse mit, dass Herr Förster leider plötzlich erkrankt sei und der restliche Unterricht an diesem Tag ausfallen müsse. Er blickt sich in der Klasse um, sieht die Schüler einen nach dem anderen an und zieht, als er nichts entdecken kann, was ihn stört, seine goldene Taschenuhr aus der Westentasche, als müsse er sich davon überzeugen, dass es noch nicht zu früh sei, die Schüler nach Hause zu schicken. Danach gibt er Franz den Auftrag, die Klasse geschlossen aus dem Schulhaus zu führen, und verlässt den Raum.

Die Jungen warten mit ihrem Jubel. Erst als Bertie, der an

der halb offenen Tür lauscht, meldet, dass der Neumayr ein Stockwerk tiefer angekommen ist, tanzen sie vor Freude zwischen den Bänken herum.

»Der Förster hat Schiss!«, schreit Günter. »Der denkt, die Revolution geht los.«

»Was denn sonst?«, freut sich der lange Heinz. »Der rasiert sich schon mal seinen Kaiser-Wilhelm-Bart ab, damit er nicht verwechselt wird.« Und dann steigt er auf seine Bank und kräht:

»Wenn Wilhelm im Zylinder jeht,
Aujuste* nach Kartoffeln steht,
dann ist der Krieg zu Ende.«

Diesen Tag – es ist der 9. November 1918 – wird Helle nie vergessen. Die Matrosen der Kaiserlichen Kriegsmarine haben gestreikt und verhinderten damit, dass ihre Schiffe zu neuen Gefechten auslaufen konnten. Sie kommen aus Kiel nach Berlin und verlangen, dass endlich Schluss gemacht wird mit dem Krieg. Die Straßen sind voller Menschen: Männer, Frauen und Kinder, Soldaten und Matrosen. Um die Mittagszeit ertönt plötzlich großer Jubel, eine Nachricht begeistert die Menschenmassen: Der Kaiser hat abgedankt, der Frieden ist nahe.

Helle und sein Freund Fritz sind überall mit dabei. Sie haben zwei Matrosen kennen gelernt, zwei lustige junge Burschen: den neugierigen Heiner aus Heinersdorf und den

---

* Alle mit einem Sternchen versehenen Begriffe und Namen werden auf S. 115 ff. erklärt.

riesigen, sommersprossigen Arno. Die beiden ziehen sie aufs Verdeck des Sechssitzers, mit dem sie und ihre Kameraden durch die Straßen fahren, und so erleben Helle und Fritz mit, wie vom Fenster des Reichstags die Deutsche Republik und vom Schlossbalkon am Lustgarten aus die Freie Sozialistische Republik ausgerufen wird. Zwei Republiken? Kann das gut gehen?, fragen sich die Männer und Frauen in den Straßen.

Dieser 9. November 1918 ist aber nicht nur ein Freudentag, denn nicht alle Soldaten wollen die Revolution und die Republik. Deshalb kommt es zu Kämpfen. Und wenn auch nur wenige Opfer zu beklagen sind, so schmerzt doch jedes.

Einen der Toten hat die Familie Gebhardt gut gekannt. Es ist Oma Schultes Schlafbursche, ein noch sehr junger Mann, den alle im Haus nur Nauke riefen. Nauke war fast so etwas wie ein großer Bruder für Helle ...

Die Gaslaternen beleuchten die dunklen Straßen nur spärlich, doch die Stimmung vom Nachmittag liegt noch immer über der Stadt. Helle hüpft und springt über das Pflaster, als wäre er ein kleiner Junge, der unverhofft etwas Schönes geschenkt bekommen hat. Er weiß das und lacht über sich, aber er hüpft weiter.

Vor dem Haus steht wieder der Wagen vom Morgen, der, in dem Nauke und seine Freunde mit den Waffen fortfuhren. Helle wird schneller und geht, als er ihn erreicht hat, neugierig um den Wagen herum. Doch der Lkw ist leer, niemand sitzt drin, niemand bewacht ihn.

Im Hausflur stehen einige Jungen und Mädchen und flüstern miteinander. Auch Lutz ist darunter. Als er Helle sieht, stürzt er gleich auf ihn zu. »Weißte's schon? Nauke hat 'ne Kugel abbekommen. Dr. Fröhlich war da und hat gesagt, dass ... dass er sterben wird.«

Sekundenlang ist Helle unfähig, sich zu rühren, dann läuft er über die Höfe, in den Seitenaufgang rein, die Treppe hoch. Er ist so schnell, Lutz hat Mühe, an ihm dranzubleiben.

Auf dem Dachboden angekommen, hämmert Helle mit den Fäusten an Oma Schultes Tür und drängelt sich, kaum hat sie geöffnet, an der alten Frau vorbei.

In dem Verschlag hinter Oma Schultes Küche ist es eng. Die Mutter ist da, Trude, Oswin und einige junge Männer mit roten Armbinden, darunter auch Atze aus dem Nachbarhaus. Nauke liegt auf Oma Schultes Bett. Die Öllampe auf dem Nachttisch beleuchtet sein bleiches Gesicht, seine Augen sind geschlossen. Um die linke Schulter hat er einen Verband. Die Mutter kniet neben ihm und legt ihm einen feuchten Lappen auf die Stirn, Martha sitzt eingeschüchtert in der Ecke unter der Dachluke und hält Hänschen fest.

»Wo ... wo ist es denn passiert?« ist das Einzige, was Helle rausbringt.

»Vor der Universität«, antwortet Atze leise. »Sie haben einfach das Feuer eröffnet, obwohl wir verhandeln wollten.«

»Die Offiziere?« Also gehörte Nauke zu denen, die auf dem Bürgersteig lagen und verarztet wurden, als Fritz und er mit Heiner und Arno auf der anderen Straßenseite vorbeifuhren?

»Woher weißte das denn?«

Helle berichtet von der Fahrt auf dem Sechssitzer, aber während er erzählt, blickt er nur Nauke an. Und als er seinen knappen Bericht beendet hat, muss er die Zähne zusammenbeißen, um nicht loszuschluchzen.

Oma Schulte schlägt ein Kreuz. »Böse Zeiten, böses Blut«, murmelt sie.

Lutz hockt sich neben die Mutter. »Wie ... wie heißt Nauke denn eigentlich richtig?«, fragt er so leise, dass es kaum zu verstehen ist.

Die Mutter und Oswin wissen es nicht, und Oma Schulte will schon in Naukes Papieren nachsehen, weil sie Nauke nie anders als Nauke genannt und er ja auch nie Post bekommen hat, da sagt Trude: »Ernst heißt er, Ernst Hildebrandt.« Und als hätten diese Worte einen Stau in ihr gelöst, lehnt sie sich an Oswin und beginnt hemmungslos zu weinen. Oswin aber tröstet Trude nicht, er streicht ihr nur sacht übers Haar.

Die Revolution hat gesiegt, der Kaiser hat abgedankt und ist nach Holland geflohen. Die Mehrzahl der Menschen in Deutschland ist sehr froh darüber. Der Kaiser hatte seit jeher eine schlechte, kriegerische Politik gemacht. Mit ihm an der Spitze hätte es noch lange keinen Frieden gegeben.

Es gibt aber auch andere. Die sagen, die Revolutionäre hätten den deutschen Truppen – im Felde unbesiegt, wie sie behaupten – den Dolch in den Rücken gestoßen. Dabei konnte dieser Krieg längst nicht mehr gewonnen werden. Und jeder weitere Tag hätte viele tausend Menschenleben mehr gekostet.

Lehrer Flechsig freut sich mit den Jungen seiner Klasse über das Ende des Krieges. Der kaisertreue Lehrer Förster aber, einst selbst Soldat und nur wegen einer Kriegsverletzung in die Heimat zurückgeschickt, kann und will die Niederlage nicht verwinden.

In der ersten Stunde steht Geschichte auf dem Stundenplan. Herr Förster erzählt vom Krieg 1870/71, wie die Deutschen die Franzosen in die Flucht schlugen, wie viel Geld die Franzosen damals als Kriegsschuld zahlen mussten und dass Wilhelm I., der zuvor nur König war, im Spiegelsaal des Schlosses von Versailles zum deutschen Kaiser gekrönt wurde. »Jene ruhmreiche Stunde bedeutete die Gründung des Deutschen Reiches«, verkündet er feierlich.

Die Jungen können sich denken, weshalb Herr Förster mit so bewegter Stimme von diesem Krieg erzählt. Damals hatten die Deutschen den Krieg gegen die Franzosen gewonnen, jetzt ist es umgekehrt: Der Waffenstillstand, der zwei Tage nach der Abdankung des Kaisers unterzeichnet wurde und endlich Frieden brachte, war eine Niederlage.

Und da kommt es auch schon, Herr Förster verlässt die Vergangenheit und kommt auf die Gegenwart zu sprechen: »Wir haben diesen Krieg nur verloren, weil uns unsere eigenen Leute den Dolch in den Rücken stießen. Während an der Front geblutet, gekämpft und ausgeharrt wurde, haben unverantwortliche Elemente die augenblickliche Schwächung im Hinterland ausgenutzt, um die Macht an sich zu reißen.«

Das hat Oma Schultes neuer Schlafbursche auch gesagt, als der Vater und Helle ihn zufällig auf der Treppe trafen. Der Vater erwiderte, dass die Revolution nicht schuld an der Niederlage, sondern nur die Folge der Niederlage und außerdem längst überfällig gewesen sei. »Die Zeit der Kaiser ist vorbei, und das nicht nur bei uns, sondern überall auf der Welt«, sagte er und nannte die Revolution eine reine Notwehrreaktion. Herr Rölle war anderer Meinung, widersprach aber nicht, sondern wechselte nur das Thema. Der Vater jedoch war noch lange nach diesem Gespräch sehr ärgerlich. Nicht wegen diesem einen Querkopf, wie er erklärte, sondern aus Furcht, dass nun bald immer mehr Leute solche Reden schwingen und immer mehr diesem Geschwätz glauben würden.

Diese Furcht ist nicht unbegründet, auch Oma Schulte hat schon so was Ähnliches gesagt. Das war auf Naukes Beerdigung, an der sie erst nicht teilnehmen wollte. Sie hatte Angst vor der Elektrischen, mit der sie in ihrem ganzen Leben noch nicht ein einziges Mal gefahren war, und sie hatte Angst vor diesem Liebknecht*, dem Zuchthäusler, von dem sie wusste, dass er sprechen würde. Die Mutter überredete sie, doch mitzufahren. Ob sie Nauke etwa ohne ihren Segen in die Erde senken lassen wollte? Das wollte Oma Schulte nicht, deshalb fuhr sie dann doch mit. In der Straßenbahn und auch bei der Beerdigung hielt sie sich immer dicht an Oswin und war bald ganz begeistert von der »ungeheuer praktischen« Straßenbahnfahrt. Über Karl Liebknecht sagte sie lange nichts, erst viel später gab sie zu, dass er gar nicht wie ein Zuchthäusler ausgesehen hätte ...

»Gebhardt!«

Herr Förster steht vor Helle, sein Schnurrbart zittert. »Du glaubst wohl, jetzt brechen andere Zeiten an, was?«

Hat der Förster ihn was gefragt? Vorsichtig blickt Helle sich in der Klasse um, doch keiner wagt, ihm etwas zuzuflüstern.

Herr Förster geht an den Schrank und kommt mit dem Rohrstock zurück. »Hände vor!«

»Nein!«

Der Lehrer steht starr, in der Klasse ist kein Muckser zu hören.

»Du weigerst dich?« Herr Förster hebt den Stock und Helle hebt zur Abwehr die Hände – doch zu spät, der Stock landet in seinem Gesicht. Er spürt einen brennenden Schmerz und legt die Hände vors Gesicht.

»Ihr rote Brut!«, schreit Herr Förster, und es ist ihm deutlich anzusehen, dass er über sich selbst erschrocken ist. »Euch werd ich's zeigen! Denkt ihr, ihr könnt eure Revolution in die Schule tragen? Denkt ihr ... Was ist, Hanstein?«

Ede ist aufgestanden. »Warum haben Sie ihm ins Gesicht geschlagen? Warum haben Sie das getan?«

»Was unterstehst du dich ...« Nun stürzt Herr Förster auf Ede los, lässt den Stock auch auf ihn niedersausen. Ede setzt sich in die Bank, zieht den Kopf ein und schützt ihn mit seinen Armen. Der Stock saust auf seinen Rücken nieder, der Lehrer sucht eine freie Stelle, eine, wo der Schlag mehr schmerzt. Als er keine findet, schreit er: »Steh auf!«

Ede bleibt sitzen.

»Steh auf!«

»Nicht, wenn Sie mich schlagen.«

»Ich werde dich ...«

Wieder klatscht der Stock auf Edes Rücken nieder.

Helle steht nur stumm da. Er würde Ede so gern beistehen, aber er weiß nicht, was er tun soll.

Endlich lässt Herr Förster von Ede ab. Schwer atmend trägt er den Stock zurück zum Schrank. »Ihr habt auf der Straße gesiegt, doch ihr werdet nicht in der Schule siegen«, keucht er. »Hier werden weiter Gesetz und Ordnung herrschen.«

Ohne die Erlaubnis dafür abzuwarten, setzt Helle sich wieder in die Bank. Jetzt ist ihm alles klar: Für Herrn Förster bedeutet allein die Abdankung des Kaisers schon den Sieg der Revolution; der halbe Sieg ist für solche wie Herrn Förster eine vollständige Niederlage.

Der halbe Sieg! Ja, die Menschen sind sich nicht einig. Solche wie Herr Förster lehnen die Revolution ganz und gar ab, hassen sie sogar. Anderen, darunter Helles Vater, der vier Jahre Krieg hinter sich hat und dem Krieg ein Kind und einen Arm opfern musste, geht sie nicht weit genug. Frieden allein ist ihnen zu wenig. Sie wollen, dass es niemals wieder einen Krieg geben kann. Und deshalb müssen nach ihrer Meinung auch die Generäle entlassen werden, die den Krieg freiwillig nicht beenden wollten. Außerdem verlangen sie, dass die Herren der Industrie, die so gut am Krieg verdienen, enteignet werden und es im Volk keine Not und Armut mehr geben darf. Diese Gruppe nennt sich Spartakusgruppe*. Die neue Regierung unter dem Sozialdemokraten Friedrich Ebert* aber will vor allem Ruhe und Ordnung und bekämpft die Spartakisten. Die Reichswehr, einst auf den Kaiser eingeschworen, steht der neuen Regierung zur Seite.

Helle hat viel nachzudenken. Diese vielen verschiedenen Meinungen und die Unversöhnlichkeit, mit der sich die Menschen gegenüberstehen, wie soll er das alles so schnell begreifen? Und er muss nicht nur darüber nachdenken. Da gibt es auch noch das Mädchen Anni, ein Jahr älter als er, das an Lungentuberkulose* erkrankt ist, immer ganz rot spuckt und mit ihrer Mutter und ihren Geschwistern in einer feuchten Kellerwohnung haust, in der sie nie gesund werden kann. Anni hat Helle einmal geküsst, also ist sie fast so etwas wie seine Freundin. Eines Abends jedoch muss er von ihr Abschied nehmen.

Helle legt die letzte Kohle in den Eimer und fegt den Kellerverschlag aus. Dabei muss er aufpassen, dass er mit dem Besen nicht zu viel Wind macht, sonst geht die Kerze aus, und er muss erst lange im Finstern herumtasten, bis er sie erneut angezündet hat. Was er zusammenfegt, nimmt er mit Müllschippe und Handfeger auf, tut es auf Zeitungspapier und wickelt es sorgfältig ein. Kohlengrus brennt auch, jedes Päckchen ist fast eine ganze Kohle wert.

Als er damit fertig ist, schaut Helle sich noch einmal um. Der Verschlag ist nun ratzekahl leer – keine Kohlen, kein Holz, überhaupt nichts mehr! Sogar die alte Truhe, die in der Wohnung keinen Platz mehr hatte und deshalb, seit er denken kann, im Keller stand, haben sie vorigen Winter verheizen müssen ...

Irgendwo raschelt es. Schnell tritt Helle ein paar Mal mit dem Fuß gegen den Holzverschlag und das Rascheln verstummt. Danach nimmt er den Eimer mit den Kohlen, Besen, Handfeger und Müllschippe, stellt alles vor die Tür des Verschlags, holt die Kerze und schließt die Lattentür ab. Eigentlich lohnt sich das nicht mehr, es wird ihnen ja niemand einen Zentner Kohlen in den Keller stellen. Wenn er aber nicht abschließt, muss er das Vorhängeschloss mitnehmen; es könnte geklaut werden. Das ist nicht nur in der Ackerstraße so. Überall, wo die Leute vor Not nicht mehr ein noch aus wissen, wird geklaut.

Helle lässt etwas Kerzenwachs auf die oberste Kohle tropfen, klebt die Kerze darauf fest, nimmt den Eimer in die eine und Besen und Handfeger in die andere Hand und geht laut pfeifend den Kellergang entlang.

Das Rascheln vorhin war sicher eine Ratte, so ein Biest

wie jenes, das vorigen Winter die kleine Isa aus der Nr. 39 anfiel. Sie soll halb verhungert gewesen sein und hatte sich so in Isas Unterschenkel verbissen, dass die durch Isas Schreie aufmerksam gewordenen Frauen sie totschlagen mussten, bevor sie von Isa abließ. Dr. Fröhlich gab Isa jede Menge Spritzen, trotzdem lag sie hinterher lange mit Fieber und Schüttelfrost im Bett. Als es ihr besser ging, zeigte sie den Kindern auf der Straße den Rattenbiss; die Stelle, wo die Zähne ins Fleisch gedrungen waren, war deutlich zu erkennen.

Vor der Kellertür stellt Helle alles ab und verschließt die Tür hinter sich. Als er sein Zeug wieder aufnehmen will, hört er jemanden seinen Namen flüstern. »Anni?«, fragt er leise.

Es ist bereits dunkel im Hof, nicht mal in Oswins Schuppen brennt Licht. Doch von einer Wand löst sich ein Schatten. Es ist tatsächlich Anni.

»Was machste denn hier?«

Anni verschränkt die Arme hinter dem Rücken und lehnt sich an die Kellertür. »Deine Mutter hat gesagt, dass du Kohlen holst. Da hab ich auf dich gewartet.« Sie sieht Helle groß an. »Warum haste denn nicht geklopft?«

Verlegen löscht Helle die Kerze aus. »Musste oben bleiben, auf Hänschen aufpassen.«

Das ist ein bisschen geschwindelt. Zwar musste er tatsächlich auf Hänschen aufpassen, weil der Vater am Nachmittag doch noch weggegangen und erst mit der Mutter heimgekehrt ist, doch er hatte Annis Bitte, bei ihr zu klopfen, total vergessen.

»Warum sollte ich denn überhaupt klopfen?«

Anni schaut zu den wenigen erleuchteten Fenstern hoch. »Ich komm bald ins Krankenhaus. Dr. Fröhlich hat 'n Bett für mich.«

Das also wollte Anni ihm anvertrauen. »Wann ... wann ist es denn so weit?«

»Sowie das Bett frei ist.«

Hilflos guckt Helle beiseite. Was soll er denn jetzt zu Anni sagen? Einerseits ist es ja ganz gut, dass sie endlich ins Krankenhaus kommt, andererseits zeigt es, wie schlimm es um sie steht.

»Hab Angst davor«, sagt Anni leise. »Da stinkt's immer so. Und dann muss man alles machen, was die Schwestern sagen.«

»Na ja. Anders geht's aber nicht, wenn du wieder gesund werden willst ... Und wenigstens gibt's da jeden Tag was zu essen.«

»Und wenn ich nicht wiederkomme?«

»Warum sollste denn nicht wiederkommen?«

»Kann ja sein.«

»Quatsch! Du kommst bestimmt wieder.«

»Und woher weißte das?«

Helle fällt keine Antwort ein. »Wie willste denn sonst gesund werden?«

»Wünschste dir denn, dass ich wieder gesund werde?«

»Klar!«

»Und warum?«

»Jeder im Haus will, dass du wieder gesund wirst.«

»Und wenn ich nicht wiederkomme, sind sie alle traurig?«

»Was denn sonst?«

Anni sagt Sachen und stellt Fragen, dass es Helle ganz komisch wird. Es sind ja wirklich schon viele nicht wiedergekommen. Der alte Timpe, Frau Hahn, Edes Schwester Lotte, die vor drei Wochen starb, die kleine Berta, der kleine Albert – er könnte jede Menge Namen aufzählen, darunter viele Kinder.

Oma Schulte wundert das nie, wenn einer aus dem Krankenhaus nicht wiederkommt. Die wissen schon, warum sie so dicht bei den Friedhöfen bauen, sagt sie.

Anni rückt ein Stück näher an Helle heran. »Trägste eigentlich meine Kette noch?«

Die Kette! Hätte er sie doch bloß jetzt um! »Nee«, gibt Helle zu. »Wegen der Schule. Wenn die anderen mich damit sehen, lachen sie.«

»Auslachen ist doof«, meint Anni. »Da ist doch nichts dabei, wenn zwei sich lieb haben.«

Wie Anni das sagt! So ganz einfach, als wäre tatsächlich nichts dabei.

»Du hast mich doch lieb, oder?«

»Na klar!«

»Ehrlich?«

»Ehrlich!«

Anni denkt nach, schließlich lacht sie leise. »Schade, dass du nicht mitkommen kannst.«

»Wohin?«

»Ins Krankenhaus.«

»Was soll ich 'n da? Bin doch nicht krank.«

»Dr. Fröhlich hat gesagt, eigentlich gehören wir alle ins Krankenhaus.«

»Alle?«

»Alle Kinder aus der Ackerstraße, vom ganzen Wedding.«

»Aus ganz Berlin, ganz Deutschland, ganz Europa, aus der ganzen Welt.«

Anni kommt auf komische Ideen! Er soll mit ins Krankenhaus, und das nur, damit sie ihn bei sich hat.

»Warum denn nicht? Überall, wo Krieg war, hungern die Leute. Und Hungern macht krank.«

»Ich muss jetzt hoch.« Helle nimmt Eimer, Besen und Müllschippe wieder auf. »Mutter will kochen, sie hat Trockengemüse mitgebracht.«

»Bleib doch noch 'n bisschen. Morgen ... morgen bin ich ja vielleicht schon weg ...«

Zögernd stellt Helle sein Zeug wieder ab und da fährt Anni mit ihrer Hand den Striemen in seinem Gesicht entlang. Das ist sehr angenehm, weil ihre Hand so kühl ist.

»Wenn ich mir vorstelle, wie dein Lehrer dich gehauen hat, dann tut's mir selber weh.«

Das ist schön, was Anni da gesagt hat, deshalb hält Helle still, bis sie ihn fragt: »Denkste mal an mich, wenn ich nicht mehr hier bin?«

»Klar!«

»Öfter?«

»Klar!«

»Dann gehören wir beide jetzt so richtig zusammen, nicht?«

»Klar!«

»Für immer?«

Helle blickt zum Himmel hoch, diesem etwas helleren Viereck zwischen den dunklen Häuserwänden, und sagt schließlich wieder: »Klar!«

»Dann musste mich jetzt küssen.«

»Warum ich dich? Du kannst doch auch ...«
»Im Schuppen hab ich dich zuerst geküsst. Jetzt bist du dran.«

Helle guckt sich um, ob niemand sie beobachten kann, dann legt er sein Gesicht an Annis Gesicht und küsst vorsichtig ihren Mund.

»Jetzt wieder ich«, sagt Anni sofort und dann presst sie ihren Mund auf Helles Lippen. Danach stehen sie beide einige Zeit stumm nebeneinander, bis Anni neu beginnt. »Damals im Schuppen – meine Mutter hat deinen Ranzen gesehen.«

Helle hatte sich das schon gedacht, Annis Mutter hat ihn seither ein paar Mal so komisch angeguckt.

»Hat sie was gesagt?«

»Nicht direkt.« Anni kichert leise. »Sie redet jetzt nur immer so 'n ulkiges Zeug. Ich soll mich ja vor Jungs in Acht nehmen, von Männern kommt nichts Gutes und so.«

»So 'n Quatsch!«

Anni lacht, als wäre sie anderer Meinung. Doch sie kommt nicht mehr dazu, noch irgendwas zu sagen, die Tür zum Seitenaufgang quietscht in den Angeln.

»Helle?« Es ist die Mutter. Sie hält eine Kerze in der Hand.

Schnell presst Anni sich an die Kellertür, und Helle nimmt den Eimer, den Besen und die Müllschippe und geht auf die Mutter zu, als sei er gerade erst aus dem Keller gekommen.

»Da biste ja! Wo haste denn die ganze Zeit gesteckt? Hab mir schon Sorgen gemacht.« Die Mutter leuchtet ihm mit der Kerze ins Gesicht.

»Mir ist schlecht geworden«, lügt Helle. Er ist ein bisschen ärgerlich auf die Mutter: Gerade jetzt hätte sie nicht kommen müssen.

Eines Sonntagabends hat Helle eine lange Bahnfahrt hinter sich. Zusammen mit Ede war er in Heinersdorf. Bei Heiners Eltern auf dem Land. Heiners Vater hätte die beiden am liebsten vom Hof gejagt. Er hält nichts von seinem Sohn, der die Welt verändern will. Heiners Mutter jedoch hat den beiden hungrigen Jungen dick belegte Brote geschmiert und Milch zu trinken gegeben. Und in ihren Sack hat sie ihnen Kartoffeln, Würste, Eier, Zuckertüten und Brotlaibe gelegt. Schwer bepackt mit dem Sack und zwei vollen Milchkannen fahren die beiden Jungen nach Berlin zurück. Erst gehen sie zu Ede, dort wird der Sack halb geleert, dann macht Helle sich auf den Weg nach Hause. Still schleppt er den noch immer nicht sehr leichten Sack und seine volle Milchkanne durch die dunklen Straßen.

Die meisten Fenster der schmalen Straße sind erleuchtet und in die Parterrefenster kann Helle beim Vorbeigehen hineinschauen. In den Räumen dahinter sieht es aus wie bei Oma Schulte, überall Nähmaschinen oder Stanzen zum Pressen von Kleinteilen, überall Arbeitstische, Werkzeuge, müde Gesichter. Die Männer, Frauen und Kinder, die ihr Geld durch Heimarbeit verdienen, arbeiten auch sonntags.

Dann durchbricht auf einmal ein lauter, peitschender Knall die Stille. Helle bleibt stehen und lauscht.

Da! Noch einmal! Und wieder! Das können nur Schüsse sein. Und sie müssen ganz in der Nähe abgefeuert worden sein. Schnell stellt Helle Sack und Milchkanne in eine Haustürnische und lauscht weiter in die Nacht hinein. Er hat keine Lust, mitten in eine Schießerei zu geraten.

Wieder ein Schuss, ein vereinzelter, letzter – jedenfalls hat es so geklungen. Irgendwo über Helle wird ein Fenster geöffnet. »Geht's also wieder los«, sagt eine Männerstimme. »Da denkt man, alles ist vorbei, aber Pustekuchen, manche geben nie Ruhe.«

»Mach lieber das Fenster zu und schraub 's Licht runter«, antwortet eine Frauenstimme. »Sonst schießen sie uns noch in die Wohnung herein.«

Der Mann brummt etwas, das Helle nicht verstehen kann, dann hört er, wie das Fenster über ihm wieder geschlossen wird. Der Lichtschein auf dem Pflaster vor der Haustür wird blasser.

Er wartet noch einige Minuten, als nichts mehr zu hören ist, nimmt er seinen Sack und die Milchkanne auf und geht dicht an den Häuserwänden entlang weiter. Dabei ist er ständig darauf gefasst, wieder in eine Haustürnische flüchten zu müssen.

Doch er hat Glück, nichts passiert. Er erreicht die Nr. 37 und geht erleichtert über die Höfe.

Auf den ersten drei Höfen ist es still, nicht einmal die blonde Rieke steht mit einem Freund vor der Tür herum. Das tut sie sonst immer noch, die Kälte scheint ihr und ihren Freunden nichts auszumachen.

Im vierten Hof kommt Helle Annis Mutter entgegen. Wie jedes Mal, wenn er sie trifft, möchte er sie nach Anni fragen, die ja nun schon seit zwei Wochen im Krankenhaus liegt, doch er hat wieder mal nicht den Mut dazu.

In der Küche brennt Licht. Also warten die Eltern noch auf ihn.

Helle wird schneller und tastet sich hastig durch das dunkle Treppenhaus. Wenn die Eltern sehen, was er mitgebracht hat, werden sie Bauklötze staunen.

Es ist kein normales Klopfen, das Helle da voller Vorfreude loslässt, es ist ein Trommelfeuer.

»Wer is'n da?«, piepst es hinter der Tür.

Martha?

»Ich bin's. Mach schon auf.«

Die Schwester öffnet die Tür so vorsichtig, als könnte ein Fremder Helles Stimme nachgeahmt haben.

»Wo is'n Mutter?«

»Mit Vater bei Onkel Kramer.« Martha guckt neugierig auf den Sack. »Haste was mitgebracht?«

»Nee, sieht nur so aus!«

Martha hat sich die Zeit mit Krakeleien vertrieben. Tannenbäume, Weihnachtssterne und ein paar Figuren, die Weihnachtsmänner und Christkinder darstellen sollen, hat sie mit einem Bleistift auf Papierfetzen gekritzelt, die sie aus Oma Schultes Abfallkiste stibitzt haben muss.

»Kommt Oma Schulte ab und zu nachgucken?«

»Sie war eben erst da.« Martha ärgert es, dass der Bruder ihr nicht zutraut, mit Hänschen allein bleiben zu können; die Neugierde auf das, was da wohl in dem Sack sein könnte, aber ist größer. »Pack doch mal aus«, drängelt sie.

»Erst muss ich nach Hänschen sehen.«

Der kleine Bruder liegt im Bett der Eltern und schläft. Seine Nase ist ganz kalt und sein Atem geht unregelmäßig.

»Komm!« Helle nimmt den Bruder auf den Arm. »Jetzt

kriegste was Feines.« Hänschen öffnet seine Augen nur halb, doch das reicht, um ein Lächeln über sein Gesicht huschen zu lassen, bevor er die Augen wieder schließt, um auf Helles Arm weiterzuschlafen.

Marthas Kopf ist inzwischen im Sack verschwunden. Als sie den Bruder kommen hört, taucht sie hochrot im Gesicht wieder auf. »Mensch!«, staunt sie. »So viel haste bekommen?«

Helle legt ihr Hänschen in die Arme. »Wärm ihn ein bisschen. Ich mach Feuer.«

Sofort setzt Martha sich mit Hänschen aufs Sofa und schlingt eine Decke um Hänschen und sich. »Kochste uns was?«

»Klar!« Helle braucht nur ein paar Späne und ein Scheit Holz nachzulegen, es ist noch Glut im Herd.

»Was denn?«

»Milch mit Ei und Zucker für Hänschen – und Milch mit Zucker für dich.«

Martha sinniert über das fehlende Ei in ihrer Milch nach und kommt zu einem vernünftigen Ergebnis. »Ich bin ja schon groß. Werd übermorgen schon sechs. Oma Schulte hat's auch gesagt.«

»Wenn Oma Schulte es gesagt hat ...« Helle spricht nicht weiter. Auch wenn die Eltern etwas sehr Wichtiges zu erledigen haben, die Enttäuschung über den mageren Empfang ist zu groß, um sie so einfach herunterzuschlucken.

Hänschen liegt im Bett der Eltern und schläft wieder. Helle kommt es vor, als würde der kleine Bruder nun ruhiger atmen. Auf jeden Fall ist die Nase nicht mehr so kalt. Wie er reingehauen hat in die heiße Milch mit dem Zucker und dem verquirlten Ei! Ganz große Augen hat er gemacht, und kaum hatte er geschluckt, riss er den Mund schon wieder auf.

Wenn Hänschen jeden Tag so eine heiße Milch bekommen würde, wäre er bestimmt bald wieder gesund. Fürsorglich deckt Helle den kleinen Bruder noch einmal zu, dann geht er leise aus der Schlafstube.

Martha sitzt auf dem Küchensofa, wippt mit den Beinen und singt leise vor sich hin: »Morgen, Kinder, wird's was geben, morgen werden wir uns freun ...«

»Übermorgen«, verbessert Helle sie, aber die Schwester stört das nicht. Noch immer den herrlichen Geschmack nach Milch und Zucker im Mund, singt sie leise weiter.

Helle rückt seinen Stuhl so vor den Herd, dass er sich den Rücken wärmen kann.

»Kannste auch 'n Weihnachtslied?«

»Nee.«

»Soll ich dir eins beibringen?«

»Nee.«

Das fehlte gerade noch, Martha und er im Duett auf dem Küchensofa.

An der Tür wird geschlossen. Martha springt auf und wetzt an Helle vorbei, um als Erste herauszuplappern, was es Neues gibt. Helle steht auch auf, bleibt aber im Hintergrund.

»Ist Helle schon zurück?«, fragt die Mutter im Flur.

Martha bejaht die Frage gar nicht erst, zählt gleich auf, was der Bruder mitgebracht hat. Von ihrer Milch mit Zucker berichtet sie und von Hänschens Milch mit Zucker und Ei.

Die Eltern kommen in die Küche, und Helle will schon

ein ablehnendes Gesicht machen, vergisst das aber schnell: Die Eltern tragen eine kleine Kiste in die Küche, die sehr an die erinnert, die Nauke damals aus dem Keller geholt hat.

»Wann biste denn gekommen?«, fragt die Mutter, nachdem der Vater und sie die Kiste abgestellt haben. »Wir haben gewartet, solange es ging – aber dann mussten wir weg.«

Helle wendet keinen Blick von der Kiste. »Was is'n da drin?«

»Munition«, sagt der Vater.

»Und wo habt ihr die her?«

Der Vater zieht seinen Mantel aus. »Das sagen wir dir später. Jetzt lass uns erst mal nachschauen, ob Martha nicht übertrieben hat.«

»Haben sie auf euch geschossen?«

Der Vater hält mitten in der Bewegung inne. »Woher weißte denn, dass geschossen wurde?«

Also doch! Die Schüsse vorhin galten den Eltern.

»Junge!«, bittet die Mutter. »Wir erklären dir das später.« Sie deutet mit dem Kopf auf Martha, will ihm klar machen, dass sie in Marthas Anwesenheit nicht zu viel erzählen möchte. Helle übersieht diese Warnung: Die Eltern haben Munition gestohlen! Haben sich in Gefahr begeben! Was, wenn die Schüsse sie getroffen hätten? Was, wenn sie beide getroffen worden wären? Dann wäre er mit Hänschen und Martha allein geblieben ... Abrupt dreht er sich um und will aus der Tür.

»Helle!«, befiehlt da der Vater. »Du bleibst jetzt hier. Ich erwarte von dir, dass du uns erst mal vertraust. Wenn du alles weißt, kannste immer noch die beleidigte Leberwurst spielen.«

Steif setzt Helle sich aufs Sofa und sieht zu, wie die Mutter all die Dinge begutachtet, die er mitgebracht hat. »Das bekommt Frau Kalinke ja die ganze Woche nicht in ihren Laden«, ruft sie begeistert aus, als sie alles gesehen hat. »Das ist ja wirklich 'ne Weihnachtsbescherung.«

Auch der Vater ist ganz baff. »Ein Sohn von armen Eltern ist dein Matrose ja nun gerade nicht«, sagt er, nimmt das halbe Brot in die Hand und schneidet, indem er sich das Brot unter den Armstumpf klemmt, eine Scheibe davon ab. »Phantastisch!«, murmelt er dann kauend. »Richtiges Brot! Nicht so 'n Kleiezeug mit Rinnsteinwürze.«

Auch die Mutter schneidet sich eine Scheibe Brot ab, das meiste davon jedoch bekommt Martha.

»Willste auch was?« Der Vater hält Helle eine Scheibe Brot hin.

»Nee.«

Der Vater überlegt kurz, dann zündet er eine Kerze an, nimmt die Petroleumlampe und winkt Helle damit. »Hilf mir mal die Kiste auf den Boden tragen.«

Nur widerwillig geht Helle mit. Er weiß, jetzt kommt die Erklärung.

Auf dem Dachboden sieht es wüst aus, nichts als Gerümpel, nichts als Staub. Doch das ist gut so, auf diese Weise bieten sich viele Möglichkeiten, etwas zu verstecken.

»Hatteste Angst um uns?«, fragt der Vater, als sie die schwere Munitionskiste endlich abgestellt haben.

Helle antwortet gar nicht erst. Der Vater weiß ohnehin Bescheid, wozu fragt er noch?

Der Vater schiebt die Kiste in eine Ecke, direkt unter einen spinnwebenüberzogenen, jämmerlich verrosteten Kinderwagen. »Kannst doch nicht erwarten, dass nur die anderen ihre Köpfe hinhalten. Ein bisschen was müssen wir auch tun.«

»Und was mach ich, wenn euch was passiert? Was mach ich mit Hänschen und Martha?«

Der Vater stellt ein paar alte Flaschen und Gläser um den Kinderwagen herum, richtet sich auf und sieht Helle ernst an. »Wir achten schon darauf, dass wir uns nicht beide in Gefahr begeben. Aber du darfst von uns nicht erwarten, dass wir uns zurückhalten, wenn's gefährlich wird. Manchmal gibt es Dinge, die sind wichtiger als die eigene Sicherheit.«

Der Vater hat Recht. Helle sieht es ein. Dennoch: Diese Angst wird er jetzt öfter verspüren.

Die Mutter hat inzwischen Hänschen gewickelt und Martha ins Bett gebracht. Sie sieht Helle aufmerksam an und ist froh darüber, dass er nicht mehr so verstockt ist, während der Vater gleich an seine Manteltasche geht, einen in einen Lappen gewickelten Gegenstand in die Küche trägt und ihn auf den Tisch legt.

Eine Pistole! Fremd und kalt liegt sie da.

Der Vater setzt sich und beginnt die Pistole auseinander zu nehmen. »Sie ist nicht mehr ganz neu«, erklärt er. »Ich muss sie erst auf Vordermann bringen.«

»Ist das deine?« Helle kann keinen Blick von dem Ding wenden. Wer weiß, wie viele Menschen damit schon erschossen wurden.

»Vorläufig ja.«

Die nächste Frage müsste lauten: Willst du etwa damit schießen? Doch was will man wohl sonst mit einer Pistole?

»Als ich aus dem Heer entlassen wurde, habe ich mir geschworen, nie wieder eine Waffe in die Hand zu nehmen«, sagt der Vater da leise. »Jetzt sehe ich das anders. Diejenigen, denen wir all unsere Not und die vielen Opfer zu verdanken haben, werden nicht freiwillig gehen, das haben sie uns nun schon oft genug bewiesen.«

Wer die Waffen hat, hat die Macht! Das hatte auch Edes Vater gesagt. Aber wenn beide Seiten Waffen haben? Dann wird Blut fließen, wird es Tote und Verwundete geben ...

»Hilf mir mal. Mit einer Hand geht das schlecht.«

Helle greift zu, spürt den kalten Stahl und hält nicht fest genug; der Teil, den der Vater aufstecken wollte, fällt herunter.

Der Vater blickt auf. »Ich mag auch keine Waffen. Die meisten von uns mögen keine Waffen. Wer Waffen mag, ist mir schon von vornherein verdächtig. Doch gerade weil wir so gutmütig und gutgläubig sind, haben die mit den Waffen immer wieder Schindluder mit uns getrieben. Wenn wir uns jetzt nicht bewaffnen, haben wir keine Chance. Und wenn wir sie nicht davonjagen, werden sie eines Tages wieder einen Krieg anzetteln, vielleicht einen noch weitaus schlimmeren als den, den wir hinter uns haben.«

»Ich glaube, ich weiß, was du denkst.« Die Mutter legt den Arm um Helle. »Du möchtest, dass endlich Schluss mit all den Kämpfen ist, dass wirklich Frieden ist. Stimmt's?«

Ja, das möchte er! Er hat es nicht so deutlich gewusst; jetzt, da die Mutter ihn fragt, weiß er, dass er das möchte. Er möchte nichts als endlich keine Angst mehr haben zu müssen, weder um die Eltern noch um Onkel Kramer, Trude oder Atze.

»Wer möchte denn keinen Frieden?«, fragt der Vater.

»Doch je nachgiebiger wir sind, desto mehr wird wieder alles, wie es war. Und so, wie es war, darf es nicht mehr werden.«

»Weißte«, die Mutter lächelt Helle traurig zu, »ich hasse jede Gewalt, schon beim Gedanken daran, dass einer einem anderen wehtut, werde ich zornig. Aber das habe ich nun gelernt: Wenn man Gewalt beenden will, muss man Gewalt anwenden – sonst unterliegt man.«

»Es gibt welche«, denkt der Vater laut nach, »die wollen die Gewalt mit totaler Gewaltlosigkeit bekämpfen. Wenn das ginge … schön wär's! Ich glaub nicht daran. Ich glaube, dass die Gewalttäter über die, die sich nur mit frommen Sprüchen zur Wehr setzen, lachen.«

»Aber irgendwie haben die mit den frommen Sprüchen auch Recht«, seufzt die Mutter. »Jede Gewalt erzeugt neue Gewalt.«

»Mag sein.« Der Vater hat die Pistole mit Helles Hilfe gereinigt, nun setzt er sie mit seiner Hilfe wieder zusammen. »Die Frage ist nur, wofür kämpfst du? Und vielleicht noch, wie kämpfst du? Kämpfst du für eine gute Sache – oder für eine schlechte? Vermeidest du unnötige Grausamkeiten – oder macht es dir nichts aus, Menschen zu töten?«

Eine Menge Stoff zum Nachdenken. Noch als Helle schon im Bett liegt, geht ihm das Gespräch mit den Eltern nicht aus dem Kopf. Und er kommt immer mehr zur Überzeugung, dass es wohl so sein müsse, wie der Vater gesagt hat. Oder hätten der Kaiser und seine Generäle so schnell mit dem Krieg Schluss gemacht, wenn sie nicht dazu gezwungen worden wären?

Bewaffnete Auseinandersetzungen zwischen den verschiedenen Parteien bahnen sich an. Wenige Tage vor Weihnachten 1918 fallen die ersten Schüsse – und eine der Kugeln trifft den Matrosen Heiner in der Schulter. Sein Freund Arno bringt den Ohnmächtigen einen Tag vor Heiligabend zu den Gebhardts. Sofort räumen Martha und Helle das Bett, in dem die Geschwister schlafen, da in der engen Wohnung nicht jeder ein eigenes Bett besitzen kann. Martha schläft auf dem Küchensofa und Helle legt sich in der Küche auf den Fußboden. Doch natürlich kann er in dieser Nacht nicht gleich einschlafen.

Damit er nicht so hart liegt, hat die Mutter mehrere Decken ausgebreitet; Helle ist es trotzdem, als liege er auf dem blanken Fußboden. Die Mutter hat auch die Küche vor dem Schlafengehen noch mal durchgeheizt, doch die Wärme hat nicht lange vorgehalten.

Martha merkt von der Kälte natürlich nichts, liegt auf dem Küchensofa, hat den Kopf unter der Decke und schläft tief. Sicher träumt sie von ihrem Geburtstag.

Wie spät es jetzt sein wird? Zwei Uhr nachts – oder später? Auf jeden Fall hat Martha schon längst Geburtstag … Helle wird immer wacher, versucht auch nicht mehr einzuschlafen, verschränkt die Arme unterm Kopf und stellt sich vor, wie es am Abend aussehen wird. Wo werden sie Trudes Tannenbaum aufstellen? In der Schlafstube ist kein Platz.

Und in der Küche? Auf der Fensterbank, aber dann kann dort niemand sitzen ...
Die Schlafzimmertür geht.
Ist das der Vater? Er steht oft nachts auf, um in der Küche Wasser zu trinken. Doch der Vater oder die Mutter kennen sich im Flur aus, tasten nicht so lange herum ... »Heiner?«
»Ja?«
Sofort springt Helle auf und öffnet die Küchentür.
»Helle?«, fragt Heiner. »Also bin ich bei euch?«
»Du ... du bist verwundet.«
»Habt ihr kein Licht?«
Helle läuft in die Küche zurück, zündet die Petroleumlampe an und leuchtet Heiner.
Der junge Matrose ist sehr blass. Er schaut sich um, entdeckt Martha, die nicht aufgewacht ist, setzt sich leise auf einen Stuhl und stützt den Kopf in die Hand. »Wie bin ich hergekommen?«
»Arno hat einen Zettel mit unserer Adresse bei dir gefunden.«
Heiner scheint sich nur mühsam zu erinnern. Dann aber richtet er sich ruckartig auf: »Was ist mit Max? Hat Arno was gesagt?«
Arno hatte auf der Treppe von einem Max Perlewitz erzählt. Helle berichtet Heiner, was er weiß.
Lange Zeit hält Heiner sich nur die schmerzende Schulter und schweigt. Erst als Helle sich Sorgen macht und ihn bitten will, sich doch lieber wieder hinzulegen, stöhnt er leise: »Diese Verbrecher! Wie konnten wir ihnen nur trauen!« Dann erzählt er stockend, was er seit ihrer letzten Begegnung erlebt hat: »Es war vor der Stadtkommandantur. Wäh-

rend ein paar Kameraden drinnen die fällige Löhnung forderten, unterhielten wir uns mit Landsern, die auf dem Weg waren, ihre Entlassungspapiere zu holen ... Die waren ganz ausgelassen, freuten sich auf Weihnachten, auf ihre Familien ... Auf einmal taucht Unter den Linden ein Panzerwagen auf, fährt langsam in Richtung Schloss ... Max hat ihn zuerst gesehen, geht ihm ein Stück entgegen, um rauszukriegen, wem der Wagen gehört. Zehn Meter bevor er den Wagen erreicht hat, schießen die plötzlich ... Ich sehe, wie Max fällt, will eine Handgranate aus dem Gürtel reißen und bekomme einen Schlag gegen die Schulter ... Denke noch, du bist getroffen, suche Arno ... höre mehrere Handgranaten explodieren, Schüsse ... Dann muss ich weg gewesen sein. Einmal bin ich noch aufgewacht, das war auf dem Lkw, weil der so rüttelte, dann war ich wieder weg.«

Er reibt sich die Stirn. »Habt ihr was zu trinken? Ich hab einen Mordsdurst.«

»Nur kalten Pfefferminztee ... oder Wasser.«

»Gib mir Wasser. Hauptsache, es ist was Nasses.«

Heiner trinkt hastig, atmet tief durch und fragt Helle danach, ob Arno sonst noch was gesagt hat. Zuerst verneint Helle, dann fällt ihm ein, was Atze und Onkel Kramer berichtet haben, und er erzählt Heiner davon.

»Da lang läuft also der Hase!« Schon wieder reibt Heiner sich die Stirn. Offensichtlich fällt es ihm schwer, einen klaren Gedanken zu fassen. Dann nickt er: »Alles klar! Auf diese Weise wollen sie uns ausbooten.«

Martha wird wach und guckt verwundert.

»Das ist Heiner«, erklärt Helle ihr. »Brauchst keine Angst zu haben.« Die Schwester war schon dabei, das Gesicht zu verziehen, wusste wohl noch nicht so genau, ob der fremde Matrose in ihrer Küche noch zu ihrem Traum gehörte oder bereits Wirklichkeit war.

Erschrocken blickt Heiner sich um. »Schlaft ihr meinetwegen in der Küche?«

»Es ging nicht anders. Und es ist ja auch nicht schlimm.«

»Geht wieder in euer Bett zurück. Ich bleib in der Küche. Kann jetzt sowieso nicht schlafen.«

Martha lässt sich das nicht zweimal sagen, nimmt ihre Decke und wackelt, die Augen schon wieder halb geschlossen, ab in die Schlafstube. Das mit den geschlossenen Augen aber ist nur gespielt. Helle kennt die Schwester, in Wirklichkeit ist sie längst hellwach; wacher geht's gar nicht.

Heiner setzt sich aufs Sofa und streckt die Beine von sich.

Still hockt Helle sich ihm gegenüber auf einen Stuhl und wartet. Er weiß, Heiner wird noch irgendetwas zu ihm sagen, hat es einfach im Gefühl.

»Ich hab geglaubt, mich hat's erwischt«, sagt Heiner da auch schon so leise, dass Helle es kaum verstehen kann. »Und weißt du was? Da war ich auf einmal furchtbar traurig … Das hätte ich nie gedacht, dass ich dann traurig sein würde … Hab immer geglaubt, wenn's mich mal erwischt, geht's so schnell, dass ich gar keine Zeit habe, traurig zu sein … Doch so schnell alles ging, ich hab wirklich gedacht, schade, schade, dass es nun vorbei ist. Ist das nicht seltsam?«

Darauf kann Helle nichts antworten.

»Der Perlewitz hat's hinter sich.« Heiner schaut zum Fenster, auf dem sich langsam Eisblumen bilden, die im Mondlicht glitzern. »Morgens hat er noch Witze gemacht,

Weihnachtslieder gesummt und sich nicht mal sehr über die Sache mit der Löhnung aufgeregt – und jetzt ist er weg, als ob ein Menschenleben gar nichts wäre.«

Die Schlafzimmertür geht, Martha linst durch die Küchentür. »Wann kommste denn endlich?«, drängt sie Helle. »Ich kann nicht einschlafen.«

»Geh nur«, sagt Heiner da. »Ich mach auch noch ein bisschen die Augen zu.«

Das stimmt nicht. Heiner wird nachdenken, wird in Gedanken alles, was er an diesem Tag erlebt hat, noch einmal durchgehen. Doch dazu braucht er ihn nicht. Deshalb sagt Helle nur »Gute Nacht!« und geht hinter Martha her.

Erst als er neben Martha im Bett liegt und die Schwester sich an ihn kuschelt, fragt er: »Was willste denn?« Ist ja klar, dass Martha ihn nicht geholt hat, weil sie nicht einschlafen kann; die Schwester kann immer einschlafen, mit ihm genauso gut wie ohne ihn.

»Hab ich schon Geburtstag?«
»Nee.«
»Wann hab ich denn Geburtstag?«
»In zwei Stunden.«

Eine ziemlich gemeine Lüge, doch hätte er Martha gesagt, dass sie längst Geburtstag hat, wäre sie bis zum Morgen überhaupt nicht mehr eingeschlafen und hätte auch ihn nicht schlafen lassen.

»So lange noch?«

»Zwei Stunden und zehn Minuten, wenn du's genau wissen willst«, lügt Helle weiter und dann droht er: »Mach keine Faxen, sondern penn jetzt. Oder willste morgen Abend früher ins Bett?«

Das will Martha natürlich nicht, deshalb ist sie nun lieber still, und Helle kann versuchen, noch ein bisschen über Heiner nachzudenken. Doch das weiche, mollige Bett, das sich so angenehm von dem harten Fußboden unterscheidet, und die Wärme, die Martha ausstrahlt, machen ihn schnell müde, schon bald schläft er ein.

Es hat gedonnert, irgendwo hat es gedonnert.
Da – wieder.
Das ist kein Gewitter! Helle schüttelt den Schlaf von sich und lauscht. Wieder kracht es, dass die Fensterscheiben zittern.
Der Vater hat es auch gehört, er zieht sich eilig an.
»Sind das Kanonen?« Helle hat noch nie Kanonenschüsse gehört, etwas anderes aber kann keinen solchen Lärm machen.
»Ja«, sagt der Vater. Und dann: »Jetzt wissen wir, in welcher Richtung der Haken sich krümmt.«
Die Mutter ist schon zur Arbeit und hat auch Martha schon zu Oma Schulte hochgebracht, nur Hänschen liegt noch im Bett der Eltern. Rasch steht Helle auf und zieht sich ebenfalls an. Er weiß nicht recht, wozu er das tut, weiß nur, dass er jetzt unmöglich im Bett bleiben kann.
Nun ist auch Hänschen aufgewacht; er schreit, der Lärm macht ihm Angst. Der Vater nimmt ihn auf den Arm, spricht ein paar beruhigende Worte und geht mit ihm in die Küche.
Heiner steht am offenen Küchenfenster und lauscht. Als der Vater und Helle die Küche betreten, dreht er sich um.
»Woher kommt das?«

»Vom Schloss«, sagt der Vater.

Nur einen winzigen Augenblick zögert Heiner, dann will er wissen, wo seine Stiefel sind.

»Junge, mach keinen Mist!«, bittet der Vater den Matrosen. »In deinem Zustand kannste da nicht hin.«

»Das sind die Regierungstreuen«, erklärt Heiner schnell, während er sich von Helle in die Stiefel helfen lässt, weil er sich wegen seiner Verletzung nicht allzu weit vorbeugen kann. »Die beschießen meine Kameraden.«

»Aber deine Schulter! Es hat dich ganz schön erwischt.«

Stur schüttelt Heiner den Kopf. »Ich muss zum Schloss. Wenn die das Schloss beschießen, beschießen sie auch den Marstall. Jetzt ist alles klar: Erst verweigert man uns den Lohn, zwingt uns zu Protestaktionen, dann nimmt man die zum Vorwand, uns zusammenschießen zu lassen.« Er hält dem Vater die Hand hin. »Danke für alles! Ich komm bald mal wieder.«

Da widerspricht der Vater nicht mehr. Er gibt Helle Hänschen zu halten und holt die Medikamente aus der Schlafstube. »Nimm wenigstens die Tabletten mit«, bittet er. »Die sind gegen das Fieber.« Gleich darauf geht er vor Heiner her, um ihm die Treppe hinabzuleuchten.

Sekundenlang steht Helle hilflos in der Küche herum, dann weiß er, was er zu tun hat. Er legt Hänschen auf das Küchensofa, deckt ihn sorgfältig zu, zieht die Joppe an, knotet sich den Schal um den Hals und setzt die Mütze auf. Danach schlüpft er durch die Wohnungstür und steigt die Treppe zu Oma Schulte hoch. Dort wartet er, bis der Vater wieder in der Wohnung ist, um nur wenig später die Treppe hinabzuflitzen.

»Helle!«

Der Vater hat ihn gehört, ruft ihn. Helle antwortet lieber nicht. Auch als er über den Hof läuft und hört, dass der Vater ihm noch aus dem Küchenfenster nachruft, blickt er nicht hoch und bleibt nicht stehen. Der Vater würde ihn jetzt niemals in die Innenstadt lassen.

Heiner ist schon einige hundert Meter weit weg. Helle muss laufen, um ihn einzuholen.

»Du?« Zögernd bleibt der junge Matrose stehen.

»Ich ... will dich nur 'n Stück begleiten.«

»Hast du Angst, ich fall um?«

»Nee. Will ja sowieso zum Schloss. Mal sehen, was da los ist.«

Heiner glaubt ihm nicht, doch das ist Helle egal; Hauptsache, er darf bei ihm bleiben.

»Wenn ich sage: Geh zurück – gehst du dann zurück?«

»Ja«, verspricht Helle, weiß aber schon, dass er sich nicht daran halten wird. Nachdem er den Vater so hereingelegt hat, kommt es auf eine Lüge mehr oder weniger auch nicht an.

»Gut!« Heiner geht weiter, schwankt hin und her und greift sich immer öfter an die Schulter.

Es donnert erneut, nun schon viel dichter. Heiner legt noch einen Schritt zu.

Der Junge und der Matrose sind nicht die Einzigen, die an diesem frühen Morgen durch die noch dunklen Straßen eilen. Der Kanonendonner ist in der ganzen Stadt gehört worden. Von überall her kommen Menschen gelaufen, Männer, Frauen und Kinder. »Die Matrosen! Die Matrosen werden beschossen«, ruft ein Mann aus einem offenen Pkw. Doch das wissen die Leute längst, deshalb bekunden viele von ihnen Heiner ihre Sympathie, wenn er an ihnen vorbeieilt. Oder sie bleiben gleich an ihm dran, laufen mit. Manche glauben auch, er wüsste, was vor dem Schloss los ist, wollen ihn ausfragen und sind enttäuscht, dass er auch nicht mehr weiß.

Ein Lkw mit Arbeitern fährt an ihnen vorüber. Die Arbeiter tragen rote Armbinden – so wie am 9. November. Diesmal jedoch jubeln sie nicht.

Immer belebter werden die Straßen, immer mehr Menschen eilen dem Kanonendonner entgegen. Es ist keine Neugier, die sie treibt, es ist die Empörung; sie ahnen, was da in der Innenstadt vor sich geht, und wollen den Matrosen zu Hilfe eilen.

Dann ist der Geschützdonner so nah, dass Helle sich denken kann, wo die Geschütze stehen – direkt auf dem Schlossplatz und in der Nähe der Schlossbrücke. Und nun kommen die ersten Männer und Frauen, die Heiner und Helle inzwischen überholt hatten, auch schon wieder zurück. »Sie haben alles abgesperrt«, rufen sie. »Es ist kein Durchkommen.«

Nach kurzem Zögern lässt Heiner die Männer und Frauen beratschlagen, was nun zu tun sei, und zieht Helle in eine Haustürnische. »So! Bis hierher und nicht weiter. Jetzt musst du zurück.«

»Und du? Was willst du tun?«

»Versuchen, so nahe wie möglich heranzukommen.«

»Nimm mich doch mit.«

»Nein! Auf keinen Fall. Das ist zu gefährlich.« Der Matrose merkt, dass er zu heftig gesprochen hat, und redet besänftigend weiter: »Das musst du doch verstehen! Stell dir vor, dir passiert was. Wie soll ich das deinen Eltern erklären?«

Es hat keinen Zweck, Heiner wird ihn nicht weiter mitnehmen.

»Bis bald!« Freundschaftlich boxt Heiner Helle in die Rippen, dann geht er allein weiter.

Die Hände in den Taschen, schaut Helle dem jungen Matrosen nach. Er weiß, was Heiner vorhat. Er will das Schloss umgehen; will durch die Spandauer Straße, um sich Marstall und Schloss vom Molkenmarkt aus zu nähern. Das ist ein großer Umweg, aber seine einzige Chance. Er wartet, bis Heiner ihn nicht mehr sehen kann, dann folgt er ihm vorsichtig. Zum Glück dreht der Matrose sich nicht um; es ist leicht, ihm ungesehen zu folgen. Nur stehen bleibt er ab und zu, und dann greift er sich jedes Mal an die Schulter, als müsse er irgendetwas gerade rücken.

Am Molkenmarkt wendet Heiner sich nach rechts, geht den Mühlendamm in Richtung Petri-Kirche hinunter und verschwindet ab und zu in einem Hausflur, denn jetzt kommen ihm alle paar hundert Meter Landser entgegen – in kleinen Marschgruppen oder auf einem Lkw. Der Geschützlärm von Schloss und Marstall her ist bereits so laut und deutlich zu hören, dass Helle die verschiedenen Geräusche unterscheiden kann. Mal rattert ein Maschinengewehr, mal schlägt irgendwo eine Granate ein, mal fallen vereinzelte Karabinerschüsse.

In einer Nebenstraße verladen Arbeiter ein schweres Geschütz auf einen Lkw. Heiner zögert, geht dann aber doch weiter, bis er wieder in einem Hausflur verschwindet: Ein Trupp Soldaten mit tief in die Stirn gezogenen Stahlhelmen nähert sich dem Fischmarkt. Sie kommen aus der Gertraudenstraße und wagen sich nur meterweise in die Breite Straße hinein, die an die Rückseite des Marstalls heranführt.

Helle presst sich eng an die Häuserwand, lugt vorsichtig aus seiner Haustürnische heraus – und zuckt gleich wieder zurück: Rasendes Maschinengewehrfeuer hat eingesetzt, ununterbrochen hämmert es vom Marstall her in die Breite Straße hinein; also haben die Matrosen die heranschleichenden Soldaten bereits bemerkt?

Vom Molkenmarkt her nähert sich ein langsam fahrender Lkw.

Sind das auch Soldaten ...?

Nein, da sind Matrosenmützen zu erkennen – der Wagen ist voller Matrosen mit roten Armbinden! Sie halten ihre Gewehre in Anschlag und spähen aufmerksam in die Seitenstraßen hinein.

Heiner hat den Lkw ebenfalls bemerkt, springt vor, breitet die Arme aus und stoppt ihn. Der Wagen bremst und Heiner spricht mit den Matrosen, will sie sicher warnen. Doch zu spät, die Soldaten mit den Stahlhelmen haben den Lkw bereits entdeckt. Aus Hausfluren heraus und hinter Häuserecken hervor beschießen sie ihn. Eilig springen die Matrosen auf die Straße herab und retten sich in die noch unbesetzten Hausflure.

Helle presst sich noch enger in die Nische. Die Angst schnürt ihm die Kehle zu, er bekommt kaum noch Luft. Er will jetzt weg hier, weg, weg, weg – doch da nähert sich schon der nächste Lkw, diesmal von der Gertraudenstraße her. Auf seinem Fahrerhaus ist ein Maschinengewehr aufgebaut ...

Es sind Arbeiter, Arbeiter mit roten Armbinden!

Ein Matrose hat seine Mütze über den Gewehrlauf gestülpt, wedelt damit vorsichtig hinter einer Litfaßsäule hervor. Der Lkw stoppt, die Arbeiter springen von der Ladefläche und werfen sich flach aufs Straßenpflaster. Nur zwei bleiben zurück und erwidern mit ihrem Maschinengewehr das Trommelfeuer der Soldaten, die nun von drei Seiten her beschossen werden: vom Marstall aus, vom Mühlendamm her und vom Fischmarkt. Sie sind umzingelt und müssen einen Ausbruch wagen – und sie wagen ihn, wollen über den Mühlendamm davon.

Noch immer kann Helle aus seiner Nische nicht heraus, die ganze Straße ist nun unter Beschuss, überall spritzt Putz von den Wänden. Die Soldaten aber kommen näher, haben die Straßenseite erobert, auf der er sich befindet, und kämpfen sich von Haus zu Haus aus der Umzingelung heraus. Ihm bleibt nur eine Richtung, in die er davonlaufen kann: in den Hausflur hinein, die Treppe hoch, unter den Dachboden. Und das tut er. Erst als er oben angekommen ist, hält er inne und lauscht zurück. Auf der Straße hämmert und kracht es, pfeift es und schlägt ein, im Haus ist alles ruhig. Sicher haben die Hausbewohner sich in die hinteren Zimmer zurückgezogen. Oder sie haben das Haus für die Dauer der Kämpfe lieber ganz und gar verlassen.

Er versucht, die Bodentür zu öffnen, doch sie ist verschlossen. Einen Augenblick überlegt er, ob er noch irgendwas tun könnte, um sich in Sicherheit zu bringen, aber ihm fällt nichts ein. Also setzt er sich auf die Treppe und lauscht auf den Lärm.

Unten wird die Haustür aufgerissen, fluchende Männer

stürzen ins Haus. Der Lärm wird noch lauter ... Wenn die Kämpfenden hier hochkommen ... Wo soll er dann hin?

Da, ein Schrei! Ein furchtbarer Schrei! Einer der Männer im Hausflur muss getroffen worden sein ... Schritte, die Haustür fällt krachend ins Schloss, Ruhe. Helle lauscht, doch es bleibt still im Haus. Und auch die Schüsse auf der Straße werden weniger und verstummen schließlich ganz. Er wartet noch geraume Zeit, dann steigt er vorsichtig wieder die Treppe hinab, alle drei Stufen stehen bleibend, um zu lauschen.

Im ersten Stock verharrt er. Ein Stöhnen ist zu hören. Er muss sich zusammennehmen, um nicht unter den Dachboden zurückzulaufen. Nur ganz langsam, dabei fast die Luft anhaltend, steigt er weiter die Treppe hinab.

Im Hausflur liegt ein Soldat. Er liegt auf dem Rücken, das Gesicht nach oben. Helle drückt sich an dem Mann vorbei, behält ihn aber im Auge – und hätte beinahe aufgeschrien: Dem Soldaten fehlt das halbe Gesicht!

Sieht er ihn an? Bittet er um Hilfe? Helle kann das nicht erkennen. Es ist zu dunkel im Hausflur und er wagt sich nicht näher an den Soldaten heran; zu groß ist das Entsetzen, das ihn gepackt hält. Mit dem Rücken an der Kachelwand schiebt er sich an dem Verwundeten vorbei und öffnet vorsichtig die Haustür.

Auf der Straße ist es still. Die Matrosen und Arbeiter stehen um ihre Lkws herum, rauchen, reden miteinander und verarzten ihre Verwundeten. Helle stürzt auf den ihm am nächsten stehenden Arbeiter zu, einen pockennarbigen Mann mit Schirmmütze auf dem Kopf, und will ihm von dem verwundeten Soldaten im Hausflur erzählen. Der Mann lässt ihn gar nicht erst zu Wort kommen. Er nimmt seinen

Zigarrenstummel aus dem Mund und fährt ihn an: »Was willst du denn hier? Haste nichts Besseres zu tun?«

Glaubt der, er wohne in einem der Häuser und sei nur mal so aus Neugier heruntergekommen? Helle hat keine Zeit, dem Mann zu erklären, wieso und weshalb er hier ist, schreit nur: »Da!« und weist auf den Hausflur, aus dem er gekommen ist. »Da liegt ein Soldat. Er ist verwundet. Ihr ... ihr habt ihn mitten ins Gesicht getroffen.«

Sogleich nimmt der Pockennarbige sein Gewehr in Anschlag und bittet zwei Arbeiter, ihm zu folgen. Dann nähern sie sich zu dritt dem Hausflur. Einer der beiden Arbeiter, ein noch sehr junger Mann, stößt die Tür auf, die anderen beiden betreten mit vorgehaltenen Gewehren den Hausflur. Doch sie lassen ihre Waffen schnell sinken, heben den Soldaten auf und tragen ihn auf die Straße, um ihn dort, wo sich mehrere Männer und Frauen um die Verletzten kümmern, zwischen die anderen Verwundeten zu legen.

Helle bleibt in einiger Entfernung stehen und schaut zu, wie zwei Frauen den Soldaten notdürftig versorgen. Der Pockennarbige stellt sich neben ihn und zündet seinen Stumpen neu an. »Tja, Junge!«, sagt er dann. »So geht's zu, wenn geschossen wird. Das ist Krieg!«

Das ist Krieg! Helle wusste, dass es grausam zugeht in einem Krieg. Dazu bedurfte es nicht erst Vaters Verwundung. Aber er war nie dabei gewesen, hat nie einen Verletzten wie jenen Soldaten gesehen ...

Der Mann neben ihm raucht nachdenklich. »Sie haben zuerst geschossen, das ist unser einziger Trost.«

Auch das weiß Helle, genauso wie er weiß, dass der Soldat sicherlich nur geschossen hat, weil es ihm befohlen wurde.

Und dabei war er vielleicht nicht mal gern Soldat, sondern wäre über Weihnachten lieber bei seiner Familie gewesen, so wie der Vater, als er noch im Feld war ...

»Helle!«

Heiner! Er hat ihn entdeckt und kommt zornig auf ihn zugelaufen, ist sicher wütend, weil er ihm doch gefolgt ist. Helle ist Heiners Enttäuschung egal. Endlich ein vertrautes Gesicht, endlich jemand, bei dem er sich ausheulen kann.

Helle hat sich unnötigerweise in Gefahr begeben. Das kann Heiner ihm lange nicht verzeihen.

Der junge Matrose sitzt auf dem Trittbrett eines der Lkws und raucht nervös. Helle steht vor ihm, unschlüssig, was er tun soll. Heiner hat ihn angeschrien, hat ihn richtig fertig gemacht und gesagt, was er von einem hält, auf den man sich nicht verlassen kann. Aber das war gut so; wenn einer ihn anschreit, kann er nicht mehr heulen.

Der Pockennarbige kommt heran.

»Verschwinde jetzt«, sagt er zu Helle. »Wir haben eine Feuerpause vereinbart, damit die Frauen und Kinder aus dem Kampfgebiet geschafft werden können. Hau also ab, bevor's zu spät ist!« Dann setzt er sich zu Heiner: »Biste aus'm Marstall, Matrose?«

»Ja. Und ich wäre jetzt lieber da drinnen als hier draußen.«

»Wünsch dir das lieber nicht. Im Marstall sind nur siebzig Mann von euch, im Schloss sogar nur dreißig. Eigentlich ein Wunder, dass sie sich bisher halten konnten.«

»Habt ihr Kontakt zu ihnen?«

»Da kommt kein Mensch und keine Maus durch«, seufzt der Pockennarbige. Dann schaut er auf seine Uhr und drängt: »Zieh Leine, Junge! Die Feuerpause ist gleich vorüber.«

Helle wendet keinen Blick von Heiner. So kann er nicht gehen.

Der Matrose tritt seine Kippe aus. »Geh schon! Ich bin dir nicht mehr böse.«

Da geht Helle. Ohne lange zu überlegen, wohin er sich wenden soll, geht er die Gertraudenstraße entlang und über die Spreebrücke mit der aus Stein gehauenen Gertraudenfigur. Er geht nach Westen, in Richtung Spittelmarkt – im Westen ist alles still, im Westen wird nicht gekämpft. Dafür hämmert hinter ihm schon bald wieder ein Maschinengewehr los, ein anderes antwortet, Granaten werden abgefeuert. Mit Wucht hat der Geschützlärm neu eingesetzt.

»Beeil dich, Junge!«

Der Spittelmarkt, der an normalen Tagen so belebte Verkehrsknotenpunkt mit den vielen Geschäften und Straßenbahnhaltestellen ringsherum, ist nicht wieder zu erkennen. Zwar ist er voller Menschen, die aus dem Kampfgebiet hierher geflohen sind. Sie winken Helle und rufen ihm zu, dass er laufen soll, sonst jedoch ist der Platz seltsam tot: Die Geschäftsinhaber haben die Jalousien heruntergelassen, der Zeitungskiosk neben der Normaluhr hat geschlossen und vor dem Musikhaus Menzenhauer steht eine leere Straßenbahn.

»Na, du hast aber die Ruhe weg!«, schimpft eine Frau Helle aus. »Denkste, die Granaten unterscheiden zwischen Soldaten und Kindern?«

Ohne zu antworten, geht Helle zwischen den Männern und Frauen hindurch, die ihm kopfschüttelnd nachschauen, bevor sie ihre Blicke wieder dorthin wenden, wo der Geschützlärm am lautesten zu hören ist.

»Da kommt Verstärkung.« Ein ziemlich vornehm gekleideter Mann mit einem grauen Filzhut auf dem Kopf weist auf die Leipziger Straße. Ein Lkw, voll besetzt mit

Soldaten, kommt dort angefahren. Die Soldaten halten ihre Gewehre in Anschlag, als fürchteten sie aus der Menge heraus einen Angriff. Doch die Männer und Frauen rühren sich nicht, starren nur stumm dem Lkw entgegen; der Geschützlärm von Schloss und Marstall erscheint dadurch noch lauter.

»Na bitte!«, freut sich der Mann mit dem Filzhut. »Jetzt werden sie es den Roten zeigen.«

In Helle verkrampft sich alles. Wenn noch mehr Soldaten kommen, haben die Matrosen keine Chance mehr.

Plötzlich kommt Bewegung in die Menge. »Was wollt ihr denn hier?«, ruft eine Frau. »Geht nach Hause.« Andere fallen ein: »Zieht ab! – Mörder! – Verräter! – Ihr schießt auf eure Brüder!«

Der Lkw wird langsamer, fährt aber weiter. Die Menschen weichen zur Seite.

»Nicht weggehen! Stehen bleiben!« Eine Frau mit Kind auf dem Arm drängelt sich durch und stellt sich dem Lkw in den Weg.

Das Seitenfenster des Fahrerhauses wird heruntergelassen, ein Offizier schaut heraus. »Weg da!«, ruft er. »Runter von der Straße!«

Die Frau bleibt stehen, presst ihr Kind an sich und schaut dem Lkw zornig entgegen. Eine zweite Frau gesellt sich zu ihr, hat auch ein Kind bei sich, hält es an der Hand.

»Aus dem Weg!«, schreit der Offizier mit dem blonden Bärtchen auf der Oberlippe.

»Geht in eure Kasernen zurück!«, ruft die Frau mit dem Kind an der Hand. »Wir haben genug vom Krieg.«

Die Soldaten auf dem Lkw wissen nicht, wie sie sich verhalten sollen. Der Fahrer hinter dem Lenkrad bremst nervös, der Offizier schreit ihn an.

Immer mehr Frauen stellen sich dem Lkw in den Weg. Fast alle haben sie Kinder bei sich, manche sogar drei, vier oder noch mehr. Viele der Kinder tragen noch ihre Hauspantoffeln an den Füßen; die Flucht aus dem Kampfgebiet war wohl zu überstürzt, um vorher feste Schuhe anziehen zu können.

Der Offizier steigt aus, fuchtelt mit der Pistole herum und schreit immer wieder: »Aus dem Weg! Aus dem Weg!«

Die Frauen pressen ihre Kinder fester an sich, bewegen sich aber nicht von der Stelle.

Da schießt der Offizier in die Luft. »Auseinander!«, schreit er dabei. »Auseinander gehen!«

Eine alte Frau ohne Kind löst sich aus der Gruppe der Frauen vor dem Lkw. »Werd nicht drollig, Jungchen! Wenn du willst, kannste auf mich schießen, aber wenn ich du wäre, würde ich das nicht tun. Hatte nämlich auch mal 'n Sohn, der so verrückt war wie du. Der wollte auch unbedingt 'n Held sein. Und was hat er nun davon? Er kann sich nicht mal mehr über seine Dummheit ärgern.«

»Gehen Sie weg! Gehen Sie weg!«, schreit der Offizier. Und wieder schießt er zur Warnung in die Luft.

»Warum nimmt dem denn keiner die Knarre ab?« Eine der Frauen wendet sich an die Männer, die dem Geschehen bisher hilflos folgten. Der mit dem Filzhut macht einen Schritt zurück und taucht zusammen mit seinem Nachbarn in der Menge unter, die anderen ergreifen Partei für die Frauen, an den Offizier mit der Pistole jedoch trauen sie sich nicht heran.

Die Soldaten auf dem Lkw beraten kurz, dann springen drei von ihnen auf die Straße herab. Mit vorgehaltener Pistole schaut der Offizier ihnen entgegen.

»Wir fahren zurück«, sagt einer der drei. »Die Frauen haben Recht. Wir haben genug Krieg hinter uns.«

Die Frauen jubeln, der Offizier wird bleich. »Auf den Lkw!«, befiehlt er und streckt die Hand mit der Pistole etwas weiter vor.

Die drei Soldaten gehen zurück, einer von ihnen setzt sich auf den Beifahrersitz und gibt dem Fahrer Anweisungen. Der, sichtlich erlöst, startet den Lkw und schlägt das Lenkrad ein – dreht um!

Der Offizier lässt die Waffe sinken. »Befehlsverweigerung«, murmelt er. »Meuterei!« Das schmale, blonde Bärtchen auf seiner Oberlippe zuckt.

Die alte Frau legt dem Offizier begütigend die Hand auf den Arm. »Vernunft, Jungchen, weiter nichts. Geh du mal lieber auch nach Hause. Heute ist Weihnachten, deine Mutter hat vielleicht gebacken.«

Die Frauen um ihn herum lachen, der Offizier aber starrt nur dem Lkw nach, der nun wieder in die Leipziger Straße einbiegt. Dann dreht er sich um und versucht, sich zwischen den dicht stehenden Menschen hindurch einen Weg zu bahnen. Da drängen andere Frauen auf ihn zu. »Wollteste etwa auf uns schießen?«, rufen sie. »Wollteste auf unsere Kinder schießen? Warum biste'n jetzt nicht mehr so mutig?«

Wieder streckt der Offizier die Hand mit der Pistole aus. »Weg!«, befiehlt er heiser. »Aus dem Weg – oder ich schieße!«

»Schießen, ja, das kannste!« Die alte Frau hat nun auch die

Geduld verloren. »Frieden machen kannste nicht, was?« Und in einer plötzlichen Aufwallung von Wut schlägt sie dem Offizier die Waffe aus der Hand. Rasch will er sich bücken, um die Waffe wieder aufzuheben, die Frauen jedoch sind schneller. Mit den Füßen stoßen sie die Pistole von ihm fort, bis er nicht mehr ausmachen kann, wo sie sich befindet. Da gibt er auf und geht langsam rückwärts. Die Frauen rücken nach, bis er sich umdreht und unter dem Gejohle der Kinder davonläuft.

Gleich stemmt die alte Frau die Arme in die Hüfte und mustert die umstehenden Männer. »Na, ihr Helden! Wenn man euch so anguckt, könnte man direkt neidisch werden.«

Die Männer lachen, tun so, als würden sie die Alte nicht ernst nehmen, eine der jüngeren Frauen aber blamiert sie vollends. »Lass mal, Oma Kraus«, sagt sie, »'s gibt ja noch andere« – und deutet mit dem Kopf in Richtung Schlossplatz, von dem ununterbrochen Geschützlärm herüberdringt.

Da wenden die Frauen sich wieder dem Geschehen in der Kampfzone zu, flüstern besorgt miteinander und haben die Episode mit dem Lkw längst vergessen.

Dennoch wird an diesem Heiligabend Weihnachten gefeiert. Auch in der Ackerstraße 37, auch bei den Gebhardts.

Martha hat sich schön gemacht. Wie das Christkind persönlich sitzt sie neben dem Tannenbaum, den Oma Schulte und sie am Vormittag gemeinsam geschmückt haben und der nun mitten auf dem Küchentisch steht. Sie trägt die neue Bluse, die Oma Schulte ihr aus einem alten Kleid genäht hat, und hat sich von der Mutter ordentlich kämmen lassen. Nun ist sie bereit, zu feiern und die Weihnachtsgeschenke entgegenzunehmen.

Auch Oma Schulte hat sich fein gemacht, so straff und glatt liegt ihr Haar sonst nie am Kopf, so fest ist ihre Portierszwiebel nur selten gebunden. Für sie ist Weihnachten das Fest des Jahres, da wäscht sie sich besonders gründlich, wie Martha weiß, da überlegt sie tagelang vorher, was sie denn anziehen soll, da macht sie Geschenke, über die sie sich selbst am meisten freut. Die alte Frau ist die einzige Erwachsene im vierten Hof, für die Weihnachten dasselbe bedeutet wie für Martha, deshalb sind Martha und sie am Heiligen Abend jedes Mal ein Herz und eine Seele.

Oma Schulte war auch die Erste, die sich auf das Spiel eingelassen hat, zweimal zu feiern – tagsüber Geburtstag, ab Nachmittag Heiligabend. Die Bluse ist ein Geburtstagsgeschenk, die warme Jacke, die sie einem Lumpenhändler abgeschwatzt und mit Waschen und Bügeln wieder ansehnlich gemacht hat, ihr Weihnachtsgeschenk für Martha. Die

Eltern spielen ebenfalls mit. Zum Geburtstag schenkten sie Martha den Schal, den die Mutter ihr in den Arbeitspausen gestrickt hat, jetzt, zu Weihnachten, gibt's neue Unterwäsche.

Von Helle bekommt Martha die Schokolade. Sie will erst gar nicht glauben, dass in dieser so herrlich bunten Büchse auch noch was drin ist. Als sie sie dann aufgemacht und ein Stück Schokolade gekostet hat, muss sie beinahe heulen. Dass Helle ihr so was Tolles schenken würde, hätte sie nie gedacht. Den besonders schönen Strohstern, den sie für ihn gebastelt hat, findet sie nun ein bisschen mager.

Helle heuchelt Begeisterung. »Der ist aber schön!«, sagt er und hängt den Stern ganz oben in die Spitze des kleinen Baumes. Er hat dem Vater versprochen, Martha nichts von seiner Sorge um Heiner spüren zu lassen.

»Das ist der Stern von Jerusalem«, freut sich Oma Schulte.

»Bethlehem!«, verbessert die Mutter und lacht: Es ist wie so oft, Oma Schulte ist zwar sehr fromm, geht aber nie in die Kirche, liest auch nicht in der Bibel und verwechselt deshalb alles.

»Jerusalem! Bethlehem!« Oma Schulte ist es wurst, wie der Stern heißt; Hauptsache, er hängt am Baum. Und damit er nicht so einsam ist, hängt sie ihren Strohstern dazu und auch die Eltern hängen ihre Sterne in den Baum. Die Mutter sogar zwei, einen für sich und einen für Hänschen; Martha hat für alle genug Sterne gebastelt.

»Und das ist für dich.« Oma Schulte überreicht Helle etwas bunt Eingewickeltes und mehrfach Verschnürtes. Er hat Mühe, es aufzubekommen.

»Von Nauke.« Oma Schulte schnäuzt sich. »Das einzige

Buch, das ihm wirklich gehört hat, die anderen waren alle nur geliehen. Ich dachte, das wär vielleicht was für dich.«

Ein Buch von Nauke? Es ist abgegriffen, sicher durch viele Hände gegangen, aber da steht in Naukes steiler, ungelenker Handschrift eingetragen: Ernst Hildebrandt.

Der Vater nimmt das Buch und liest laut den Titel vor: »Die Mutter. Von Maxim Gorki. Das muss 'n Russe sein.«

»Ach ja!« Oma Schulte erinnert sich. »Nauke hat mir mal davon erzählt. Es ist die Geschichte von 'ner Mutter und 'nem Sohn, auch so 'ne Art Nauke. Spielt in Russland. Hat mich aber nicht sehr interessiert; es kommen nur Leute wie wir drin vor.«

Oma Schulte hat früher auch viel gelesen und erzählt Martha während der Arbeit manchmal die Geschichten, die sie als junges Mädchen geradezu gefressen hat. Meistens handelt es sich dabei um irgendein einfaches Mädchen, in das sich ein Graf oder Prinz verliebt. Seitdem Martha weiß, dass sie auch ein einfaches Mädchen ist, findet sie diese Geschichten wunderschön.

Der Vater reicht Helle das Buch zurück. »Muss ich auch mal lesen. Leute wie wir interessieren mich.«

Leise bedankt Helle sich bei Oma Schulte und diesmal muss er nicht heucheln; etwas zu besitzen, was einmal Nauke gehört hat, sogar mit seinem Namen drin, ist eine große Sache.

»Aber nicht doch, Herzchen! Ist doch gar nichts, ich les so was ja sowieso nicht.« Oma Schulte ist gleich wieder ganz gerührt.

Danach müssen sich alle hinsetzen. Die Mutter zündet die Kerzen an, die genauso wie die Weihnachtskugeln von Oma

Schulte gestiftet wurden, und schraubt die Petroleumlampe so weit runter, bis sie ausgeht. Dann nimmt sie Hänschen auf den Schoß, der zu Weihnachten einen besonders leckeren Milchbrei bekommen hat, und setzt sich zwischen Martha und Helle.

Eine Zeit lang schauen alle nur den Tannenbaum an, in dessen Kugeln sich die Kerzen widerspiegeln, bis Oma Schulte andächtig sagt: »Nun haben wir sie, die erste Friedensweihnacht seit vier Jahren! Dafür wollen wir dem lieben Gott danken.« Und als habe sie Angst, nicht dankbar genug zu sein oder ihre Dankbarkeit über andere Dinge vergessen zu können, faltet sie gleich die Hände im Schoß und murmelt ein Gebet vor sich hin.

Friedensweihnacht! Vorhin, als Helle, Ede und der Vater vom Marstall aus heimwärts gingen, haben sie eine andere Bezeichnung für dieses Weihnachtsfest gehört: Blutweihnacht. Und als Onkel Kramer am Nachmittag kurz vorbeikam, um sich mit dem Vater zu besprechen, erfuhr der Vater, dass sieben Matrosen und mehrere Arbeiter gefallen sind und auf Seiten der Regierungstreuen sogar von fünfzig Toten die Rede ist ...

Oma Schulte bekreuzigt sich schnell, als könnte sie damit die gedrückte Stimmung beseitigen, die sie mit ihrer Bemerkung von der Friedensweihnacht hervorgerufen hat, und nickt Martha auffordernd zu.

Martha hat auf dieses Zeichen nur gewartet. Erst singt sie »Morgen, Kinder, wird's was geben, morgen werden wir uns freu'n«, dann »Leise rieselt der Schnee«. Als sie auch dieses Lied beendet hat, stimmt Oma Schulte »Stille Nacht, heilige Nacht« an. Sie singt sehr leise und wird, wenn die hohen Töne kommen, noch leiser, weil sie nicht so hoch kommt wie Martha mit ihrer Piepsstimme, die, ohne den Text zu kennen, schon bald Oma Schulte hinterhersingt.

Die beiden singen noch zwei, drei Lieder zusammen, nehmen dabei ihre Blicke nicht vom Tannenbaum und wischen sich hin und wieder verstohlen die Augen: Oma Schulte, weil sie wirklich traurig geworden ist, Martha, weil sie glaubt, das gehöre zum Weihnachtsliedersingen dazu. Als Helle noch kleiner war, wunderte er sich mal darüber, dass Oma Schulte am Heiligen Abend immer weinte. Die Mutter erklärte ihm, dass Oma Schulte an diesem Abend an ihre Kindheit und all die Menschen denken müsse, die ihr so früh weggestorben wären. Da fiel ihm sofort die Geschichte von Oma Schultes Mann ein. Jetzt denkt Oma Schulte sicher nicht an ihren Mann, ihre Eltern oder Geschwister, die ja alle schon so lange tot sind, jetzt sieht sie vielleicht Nauke vor sich, Nauke, der ihr fast zum Sohn geworden war und gerade erst sechs Wochen tot ist, und deshalb findet er ihre Heiligabendtraurigkeit überhaupt nicht mehr komisch.

Als Oma Schulte und Martha ihr letztes Lied beendet haben, lächelt der Vater Helle zu. »Na? Glaubst wohl, von uns kriegste nichts?«

Helle hat es schon etwas seltsam gefunden, dass die Eltern ihn beim Geschenkeverteilen so ganz und gar übergingen. Doch er hatte sich gedacht, dass sie sicher nicht genug Geld hatten, um Martha und ihm was zu schenken, wenn er auch fand, dass sie mit ihm darüber reden hätten müssen.

»Komm mal mit!« Der Vater zündet die Petroleumlampe wieder an, geht mit der Lampe aus der Küche und steigt grinsend die Treppe hinab.

Wo will der Vater hin? In den Keller?

Der Vater will zu Oswin, klopft an die Tür des Schuppens, hinter der ein schummriges Licht brennt, und macht immer noch ein übertrieben geheimnisvolles Gesicht.

Hat Oswin ihm etwa auch was gebastelt? Es ist ja bereits im ganzen Haus herum, dass dieses Jahr – genau wie Helle es sich gewünscht hat – Annis kleiner Bruder Willi von Oswin beschenkt wurde. Einen fast tischgroßen Pferdestall hat er von ihm bekommen und dazu gleich noch die notwendigen Pferde – aus Lumpen und Stoffresten.

»Da seid ihr ja!« Oswin hat sie schon erwartet und öffnet weit die Schuppentür. Mitten im Raum steht ein Fahrrad, alt, aber blank geputzt und frisch geölt. Es besitzt keine Lampe und keinen Gepäckträger, doch es ist ein richtiges Rad.

Soll das etwa für ihn sein? Unsicher blickt Helle sich um. Vielleicht steht irgendwo noch was anderes.

»Gefällt's dir etwa nicht?«

»Was? Das Rad?« Wie oft hat er, wenn Fritz mit seinem Rad durch die Straßen kurvte und auch ihn mal fahren ließ, von einem eigenen Rad geträumt! Dass er eines Tages selbst eins besitzen könnte, hat er nie geglaubt. Und er glaubt es auch jetzt noch nicht.

»Was denn sonst? Es ist zwar nicht das modernste, aber es fährt.«

Das Rad ist für ihn? Es ist wirklich für ihn?

»Es ist von Onkel Kramer«, erklärt der Vater. »Er hat's von einer alten Frau, die's nicht mehr brauchen kann und es ihm billig überlassen hat. Ich hab's nur ein bisschen aufgemöbelt.«

Anfang Januar kehrt Anni aus dem Krankenhaus zurück. Eigentlich ein Grund zur Freude ...

Der Scherenschleifer ist da. Mit seiner Schleifmaschine steht er im ersten Hof und lässt vor den Kindern, die ihn umringen, die Funken sprühen. Auch Helle bleibt stehen und schaut zu. Es hat sich schon ewig kein Scherenschleifer mehr blicken lassen. Der schöne Tag, die helle, klare Wintersonne muss ihn auf die Straße gelockt haben.

Der kleine Lutz ist auch unter den Kindern. Er hat Helle längst bemerkt, kommt aber nicht auf ihn zugelaufen, sondern schaut angestrengt zu, wie der Scherenschleifer mit dem Fuß das Schwungrad und damit den Schleifstein in Betrieb hält. Durch dieses angestrengte Zugucken schielt er noch mehr als sonst; es tut richtig weh, ihm ins Gesicht zu schauen.

»Der Scherenschleifer ist da!« Immer wieder lässt der alte Mann mit der Schirmmütze auf dem Kopf seinen Ruf erschallen und schaut dabei zu den Fenstern hoch. Doch nirgendwo wird geöffnet und genickt, aus keinem der Seitenaufgänge werden Kinder mit Messern oder Scheren zu ihm geschickt. Auch das Messer, das er vor den Augen der Kinder scharf schleift, hat ihm niemand gebracht; es ist das Vorführmesser. Die Leute haben andere Sorgen, als ihre Messer und Scheren schleifen zu lassen. Er ist zu früh losgezogen, merkt es selbst und macht kein frohes Gesicht.

»Der Scherenschleifer ist da!«

Helle hört den singenden Ruf, mit dem der Scherenschleifer seine Arbeit anbietet, noch im vierten Hof. Er hat es nun eilig, will nur rasch den Ranzen hochbringen, sein Rad holen und in die Innenstadt fahren.

»Helle!«

Anni? Tatsächlich! In ihrem dünnen Mantel und einem neuen, knallbunten Schal, der nicht so recht zu ihrem blassen Gesicht passen will, lehnt sie im offenen Fenster der Fielitz'schen Kellerwohnung und winkt ihm.

»Biste wieder gesund? Deine Mutter hat gesagt, du wirst erst in zwei Wochen entlassen.«

»Die haben mein Bett gebraucht.«

»Und da haben se dich einfach rausgeschmissen?«

»Es geht mir ja schon besser.« Anni nestelt an ihrem neuen Schal herum. »Gefällt er dir?«

»Der Schal? Klar! Haste den zu Weihnachten gekriegt?« Er möchte Anni ganz andere Sachen fragen, doch er weiß nicht so recht, wie er diese Fragen in Worte kleiden soll. Anni ist zu überraschend zurückgekommen. Hätte sie nicht den neuen Schal um, könnte man meinen, sie wäre überhaupt nicht weg gewesen.

»Den hab ich mir selbst gestrickt.«

»Wo hatteste denn die Wolle her?«

Anni erzählt, dass kurz vor Weihnachten mehrere Frauen eines kirchlichen Vereins ins Krankenhaus gekommen wären und an die Kinder Geschenke verteilt hätten. Es wären so genannte »bessere« Frauen gewesen, manche Kinder aber hätten ganz blödes Zeug bekommen, Bilder vom Kaiser und seiner Familie oder kleine Heldendenkmäler aus Blei. Sie hatte Glück, bekam Stricknadeln und einen Beutel mit Wollresten,

weil die Kirchenvereinsvorsteherin meinte, sie wäre ja nun bald eine junge Frau, da müsse sie was Nützliches bekommen. Und weil sie aus den Wollresten nichts anderes anfertigen konnte, habe sie sich eben einen Schal gestrickt.
»Aber ganz gesund biste noch nicht wieder?«
»Nee.« Wie zum Beweis muss Anni husten.
»Finde ich gemein, dich rauszuschmeißen, obwohl du noch gar nicht wieder richtig gesund bist.«
»Andere sind eben noch kränker.«
»Haste im Krankenhaus was geträumt?«
»Ich träum nichts mehr. Das ist vorbei.« Traurig blickt Anni zu den Dächern hoch. »Schade, dass kein Schnee liegt, hab mich so darauf gefreut.«
»Am ersten Weihnachtstag hat's geschneit, 'n richtiges Schneetreiben war das.«
»Davon hab ich doch nichts.« Anni spielt mit dem Fenstergriff, als wollte sie das Fenster jeden Augenblick wieder schließen.
»Und Weihnachten? Wie war's denn Weihnachten im Krankenhaus?«
»Besser als zu Hause.«
»Was haste denn?« Irgendwie hat Anni sich verändert. Es ist, als hätte es jenen Abend vor der Kellertür nie gegeben.
»Hab doch nichts.«
»Klar haste was.«
Jetzt blicken Annis Augen ganz kühl und abweisend. »Red dir bloß nichts ein.«
Da steht Helle auf. Die Beine tun ihm schon weh von der langen Herumhockerei vor dem Kellerfenster. Schlimmer aber ist diese neue Anni. Wenn er bloß wüsste, was sie hat.

»Haste noch daran gedacht?«, fragt Anni.
»Woran denn?«
»An das, was wir zuletzt geredet haben.«
»Ja.«
»War ziemlich doof von uns, nicht?«
»Wieso?«
»Ich find's jetzt doof.«
Nun versteht Helle gar nichts mehr. Es ist, als wäre Anni nur aus dem Krankenhaus nach Hause gekommen, um ihn zu ärgern. »Tschüs«, sagt er, dreht sich weg und geht. Aber das »Tschüs«, das lässig und kühl klingen sollte, klang nur verstört. Er merkt das und ärgert sich darüber.

Der Vater ist sicher noch auf der Demonstration in der Siegesallee. Helle legt den Ranzen in den Flur und zögert kurz, geht dann aber doch nicht zu Oma Schulte hoch, sondern läuft gleich in den Keller.

Da steht es, sein Rad. In den Tagen um Weihnachten und Silvester hat er jede Gelegenheit genutzt, damit durch die Stadt zu fahren. Bis nach Charlottenburg und Spandau ist er gefahren, bis nach Weißensee und Lichtenberg. Es fährt prima, und es macht Spaß, durch die Stadt zu radeln und Straßen zu entdecken, in die er früher nie kam, weil sie einfach zu weit weg lagen, wie die Frankfurter Allee oder der Kurfürstendamm.

Anni hat ihn in den Keller gehen sehen. Als Helle mit dem Rad wieder herauskommt, reißt sie gleich das Fenster auf.
»Ist das deins?«
»Nee, 's gehört Hänschen. Der tritt damit im Zirkus auf.«
»Döskopp!« Das Fenster fliegt wieder zu.

Er radelt dicht an Annis Fenster vorüber, zeigt ihr einen

Vogel und lässt sich von ihr durch die Fensterscheibe zurufen, was er sie mal kann, dann fährt er vom Hof.

Der Scherenschleifer ist weg, die Kinder jedoch, die ihm zusahen, sind noch da und umringen den kleinen Lutz, der sich aus einem leeren Karton eine Murmelbude gebaut hat. Er hat ganz einfach fünf viereckige Öffnungen unten hineingeschnitten und Zahlen von 1 bis 5 drübergeschrieben. Die anderen Kinder müssen versuchen, mit ihren Murmeln die Löcher zu treffen. Treffen sie Loch Nr. 1, erhalten sie ihre Murmel zurück, treffen sie in eines der Löcher 2 bis 5, erhalten sie die jeweilige Anzahl Murmeln zurück, die über den Löchern angegeben ist; treffen sie keins der Löcher, behält Lutz die Murmel. Ein gutes Geschäft! Aber mitten im Winter eine Murmelbude aufzubauen und die anderen Kinder dazu zu bewegen, ihre Murmelsäcke rauszukramen, die sie normalerweise bis zum Frühling nicht angucken, das bringt nur Lutz fertig.

Helles Rad lenkt die Aufmerksamkeit der Kinder von Lutz' Murmelbude ab. »Schnieke«, sagen sie und staunen, obwohl sie das Rad ja nun schon oft genug gesehen haben. Dass einer von ihnen ein eigenes Rad besitzt, ist eben eine Seltenheit.

Zärtlich streichelt Lutz den Lenker. »Wo willste denn hin?«

»Zum Marstall.«

»Nimmste mich mit?«

»Nicht ohne Gepäckträger.«

»Und wann kriegste den?«

»Vielleicht zum Geburtstag.«

»Und wann haste Geburtstag?«

»Im Sommer.«
»Ist ja noch so lange hin!«
Es war ein Fehler gewesen, Lutz zu erzählen, dass er ihn mal mitnimmt, wenn er erst einen Gepäckträger hat. Er wollte ihm damit eine Freude machen, und das hat er nun davon: Jedes Mal, wenn er Lutz trifft, fragt der nicht mehr nur nach was zu essen, sondern auch noch nach dem Gepäckträger.
»Kannst mich ja auf der Stange mitnehmen.«
»Kommt nicht in die Tüte.«
»Bitte!«
Helle bleibt fest. Da kann Lutz noch so drängeln und quengeln und sogar »Bitte!« sagen, auf die Rahmenstange kommt ihm keiner.
Lutz guckt traurig. Er ist es nicht gewohnt, schnell aufzugeben. Doch dann leuchten seine Augen plötzlich auf und er sagt listig: »Irgendwann nimmste mich schon mit.«
»Wieso?«
»Wirste schon noch sehen.« Lutz strahlt und schielt vor Vorfreude noch stärker.
Helle hat keine Ahnung, was der kleine Lutz sich da überlegt hat, doch dass die Sache Hand und Fuß hat, davon ist er überzeugt. Sonst wäre der kleine Lutz nicht der kleine Lutz.

Und auch die Schule geht weiter ...

Fräulein Gatowsky geht durch die Reihen und schaut mal hier, mal dort einem der eifrig rechnenden Schüler über den Rücken. Manch einer aber rechnet nicht, starrt auf sein Heft, kaut am Federhalter oder blickt hilflos den Nachbarn an.

Helle hat keine Probleme mit den Aufgaben. Wenn alles so leicht wäre wie Rechnen, wäre die Schule ein reines Vergnügen. Lange bevor das Klingelzeichen ertönt, ist er fertig und schaut sich um.

Ede rechnet nicht mehr, doch er ist nicht fertig, hat nur aufgegeben. Als er Helles Blick bemerkt, zuckt er müde die Achseln.

Bommel ist ebenfalls schon fertig und grinst vergnügt in die Runde. Bestimmt hat er bei Franz abgeschrieben, dem im Rechnen niemand etwas vormacht und der sicher als Erster fertig war.

Das Pausenzeichen! Die noch rechnen, stöhnen auf, werden schneller, krakeln noch schnell was hin, wissen aber schon, dass es keinen Sinn mehr hat; Fräulein Gatowsky sammelt ja bereits die Hefte ein.

Als Fräulein Gatowsky dann endlich gegangen ist, springt Bommel auf und läuft nach vorn. Die für ihn so ungewohnt günstig verlaufene Arbeit hat ihn in allerbeste Stimmung versetzt, er muss seine Freude irgendwie loswerden und das kann er am besten mit einem Lied. »Wem ham se die Krone jeklaut?«, singt er. »Wem ham se die Krone jeklaut? Dem Wilhelm, dem Doofen, dem Oberjanoven, dem ham se die Krone jeklaut.«

Bommels Lied ist neu. In der Klasse wird gelacht, einige klatschen. Das ist Honig für Bommel, macht ihn noch übermütiger.

»Wer hat ihm die Krone jeklaut?
Wer hat ihm die Krone jeklaut?
Der Ebert, der Helle,
der Sattlergeselle,
der hat ihm die Krone jeklaut.«

»Helle auch?« Franz trommelt vor Begeisterung über den Doppelsinn des Wortes »Helle« auf seinem Tisch herum.

»Wie jeht's denn jetzt Wilhelm und Sohn?
Wie jeht's denn jetzt Wilhelm und Sohn?
Ja, Wilhelm und Sohn,
die jehn jetzt als Clown,
weil se nischt mehr verdien' uff'n Thron.«

Der dritte Vers bringt Bommel einen neuen Lacherfolg. Er wiederholt ihn und die meisten Jungen stimmen mit ein, tanzen und springen herum – bis auf einmal Herr Förster in der Tür steht. Schlagartig kehrt Ruhe ein, hastig ziehen die Jungen sich in ihre Bänke zurück.

Niemand hat Herrn Förster kommen hören, auch Helle nicht, obwohl er nicht mitgesungen hat und nicht weit von der Tür entfernt sitzt. Herr Förster muss sich absichtlich so leise herangeschlichen haben. Das heißt dann aber auch, dass er alles mit angehört hat.

Herr Förster hat alles mit angehört. Mit starrem Gesicht verzichtet er auf jede Begrüßung, legt nur seine Bücher auf das Lehrerpult und geht danach langsam durch die Reihen, um sich mit ausgestrecktem Zeigefinger alle die herauszupicken, die er beim Singen ertappt hat. Jeder der Jungen, auf den er zugeht, zittert, auch die, die nicht mitgesungen haben; Herr Förster könnte sich ja irren ...

Herr Förster irrt sich nicht. Er zeigt auf keinen Unschuldigen und er übersieht keinen Schuldigen.

Als er durch die Reihen hindurch ist, stehen siebzehn Jungen vor der Tafel. Herr Förster holt den Stock aus dem Schrank, geht von einem zum anderen und stößt jedes Mal ein heiseres »Hände vor!« aus, bevor er zuschlägt. Streckt einer gleich die Hände aus, wird er mit drei Hieben bestraft, zögert er oder zuckt er zurück, werden es, je nach Dauer der Zeit, die Herr Förster benötigt, um endlich zuschlagen zu können, fünf, sechs oder sieben Schläge. Außerdem dosiert Herr Förster seine Schläge. Bei dem einen schlägt er heftiger zu, bei dem anderen weniger heftig, so, als schätze er ein, wie laut oder mit welcher Begeisterung derjenige, vor dem er gerade steht, mitgesungen hat. Und meistens tippt er richtig.

Bommel ist der Letzte in der Reihe. Er weiß, dass die Wut der Lehrer mit jedem Schlag abnimmt, deshalb hat er sich gleich dicht neben das Fenster gestellt. Diesmal aber hat er sich verrechnet, das erkennt er schon an Herrn Försters Gesichtsausdruck und der besonders steifen Haltung, mit der der Lehrer sich vor ihm aufbaut. Herr Förster hat herausgehört, wer den Liedtext am besten kannte und ihn am lautesten sang.

»Hände vor!«

»Aber warum denn?«, heult Bommel los. »Hab doch gar nicht mitgesungen.« Ein letzter Fluchtversuch, obwohl er weiß, dass Herr Förster sich durch Tränen nicht beeindrucken lässt. »Mitleid schadet nur der Gerechtigkeit« ist einer seiner liebsten Sprüche.

»Auch noch feige, was? Hände vor!«

Zögernd streckt Bommel die Hände aus – und da schlägt Herr Förster auch schon zu. Bommel zuckt zurück, aber der Rohrstock war schneller, klatscht so laut und wuchtig auf Bommels Hände nieder, dass die Jungen in den Bänken mit zusammenzucken.

»Hände vor!«

Bommel will die Hände ein zweites Mal ausstrecken, schafft es aber nicht, sackt zusammen und fällt Herrn Förster vor die Füße.

»Aufstehen!«, schreit Herr Förster. »Aufstehen, Schlappschwanz!«

Aber Bommel steht nicht auf, bleibt einfach liegen.

Herr Förster greift Bommel unter die Arme und stellt ihn wieder auf die Füße. Doch kaum lässt er ihn los, sackt Bommel wieder zusammen. Diesmal so, dass allen klar wird, dass er den Ohnmächtigen nur spielt.

»Das ist sie also, die neue Generation!«, tobt Herr Förster. »Das ist Deutschlands Zukunft!« Und in seiner Wut lässt er den Rohrstock auf den am Boden liegenden Bommel niedersausen.

Bommel krümmt sich, schreit, steht taumelnd auf und

streckt die Hände aus. Jetzt aber kann Herr Förster nicht mehr zuschlagen, jetzt ist es selbst ihm zu viel geworden. »In die Bänke!«, schreit er. »In die Bänke, Vaterlandsverräter!«

Am nächsten Tag ist Martha krank. Helle muss mit ihr zum Arzt und braucht nicht zur Schule. Also bringt er Hänschen zu Oma Schulte hoch und geht mit der Schwester zu Dr. Fröhlich, dem Armenarzt der Ackerstraße.

In Dr. Fröhlichs Wartezimmer ist es übervoll. Nicht nur alle Stühle sind besetzt, es ist auch kaum mehr Platz zum Stehen, deshalb müssen Helle und Martha, wie so viele andere Leute auch, mitten im Raum bleiben, können sich nicht mal irgendwo anlehnen. Das hält Martha nicht lange aus. Helle muss sie immer wieder auf den Arm nehmen und die Schwester, die sich an ihn schmiegt, tragen, bis sie ihm zu schwer wird. Stellt er sie danach wieder auf die Füße, mault Martha und blickt herausfordernd die Leute an, die sich bereits einen Sitzplatz »erstanden« haben, aber die übersehen Marthas Blick.

Es ist auch nicht das Stehen allein, das Helle die ohnehin nicht sehr gute Laune vermiest, es ist vor allem die durch die Fülle entstandene Unübersichtlichkeit in dem Warteraum. Wenn er nicht aufpasst, kommen Martha und er nie dran, weil sich immer wieder jemand vordrängelt.

Die Arzthelferin steckt den Kopf aus der Tür zum Sprechzimmer.

»Der Nächste bitte!«

Wieder wird ein Stuhl frei. Martha guckt Helle an, doch der schüttelt nur den Kopf. Sie sind noch lange nicht dran. Erst wenn der alte Mann mit dem dicken Schal sich gesetzt hat, sind sie an der Reihe. Er war der Letzte, der vor ihnen kam.

Jetzt ist es so weit, der alte Mann mit dem Schal ist dran. Aber er bemerkt das nicht; eine junge Frau nutzt die Gelegenheit und setzt sich einfach hin. Helle stößt den Mann, der dicht vor ihnen steht und ihnen den Rücken zuwendet, vorsichtig an. »Sie waren eigentlich dran.«

»Wie ... was?« Der Alte hat im Stehen geschlafen. Und zwar fest. Wenn Helle nicht so ärgerlich wäre, hätte er lachen müssen: Dass einer »freihändig stehend« schlafen kann, hätte er nicht gedacht.

Endlich sitzt der Alte. Nun müssen sie aufpassen, wo der nächste Platz frei wird.

»Der Nächste bitte!«

Die Frau, die jetzt hineingeht, saß genau am anderen Ende des Raumes. Mit Martha an der Hand drängelt Helle sich durch, doch als sie vor dem Stuhl angekommen sind, hat sich schon ein altes Mütterchen hingesetzt.

»Entschuldigen Sie bitte, aber Sie sind nach uns gekommen. Bitte, lassen Sie meine Schwester sitzen, sie kann nicht mehr stehen.«

Helle gibt sich Mühe, ist ausgesprochen höflich zu der alten Frau, obwohl er genau weiß, dass sie sich nicht aus Versehen zu früh gesetzt hat.

»Willst wohl 'n paar hinter die Ohren, du Rotzlöffel!«, verteidigt die Alte den Stuhl. »So 'n junges Blut und will 'ner alten Frau den Stuhl nicht gönnen.«

»Meine Schwester kann nicht mehr stehen«, wiederholt Helle. Die Alte kam nach ihnen, das hat er ganz genau gesehen.

»Denkste, ich kann noch stehen?« Die Frau blickt empört zur Seite. »Hab Wasser in den Beinen.«

Hilflos steht Helle da. Und Martha knickt schon wieder ein. Da nimmt er sie wieder auf den Arm und knurrt nur noch: »Zimtzicke!« Seit zwei Stunden stehen sie nun schon und müssten, wenn alles gerecht zugegangen wäre, längst sitzen.

Die alte Frau hat gehört, wie Helle sie genannt hat, antwortet aber nichts.

Eine Frau hat Mitleid mit Martha. »Komm mal her, Kleines! Komm auf meinen Schoß.«

Sofort kriecht Martha der wildfremden Frau auf den Schoß. Ihr ist nun alles egal, sie will nur noch sitzen.

Als der nächste Stuhl frei wird, kümmert Helle sich nicht darum. Die Hände in den Taschen, steht er da, bis jemand anderes sich setzt. Die Leute haben gesehen, dass Martha und er ungerecht behandelt wurden, wieso hat niemand den Mund aufgemacht? Jetzt bleibt er stehen, sozusagen als ihr lebendiges schlechtes Gewissen. Doch natürlich bereut er seine Sturheit bald, denn nun kann er nicht mehr zurück, wenn er sich nicht blamieren will.

Ganz plötzlich bekommt der Mann neben Helle einen Hustenkrampf, wird blaurot im Gesicht, taumelt. Eine Frau klopft an die Sprechzimmertür. Sie hat Angst, der Mann könne ersticken. Die Arzthelferin kommt und nimmt den Mann mit.

Jetzt sind noch zwölf Leute vor ihnen dran. Martha guckt immer weinerlicher. Das lange Stehen und die schlechte Luft im Warteraum haben ihre Bauchschmerzen noch verschlimmert. »Wir sind ja gleich dran«, tröstet Helle sie, obwohl das nicht stimmt: Zwölf Leute, das bedeutet mindestens noch eine Stunde.

Von seinem Platz aus kann Helle durch das gardinenlose Fenster auf die Straße hinunterblicken. Die Uhr über dem Uhrengeschäft auf der gegenüberliegenden Straßenseite zeigt an, dass es bereits halb eins ist. Also ist die Schule längst aus.

Martha wimmert. Sie ist ganz grün im Gesicht, kann nun auch nicht mehr sitzen; die Frau, die sie hält, schaut Helle ängstlich an.

Da reicht es ihm. Er geht zur Sprechzimmertür und klopft; klopft so laut, dass er selbst erschrickt. Die Leute im Warteraum protestieren nicht, sehen nur zu Martha hin, die schlaff in den Armen der Frau hängt.

»Ja?« Die Sprechstundenhilfe hat die Tür einen Spalt weit geöffnet.

»Meine Schwester. Sie kann nicht mehr. Ich glaub, ihr ist schlecht geworden.«

Die Sprechstundenhilfe wirft einen schnellen Blick auf Martha, dann öffnet sie die Tür ganz. »Bring sie rein.«

Der Mann, der den Hustenanfall hatte, liegt auf einer Pritsche. Seine behaarte Brust hebt und senkt sich. Er atmet schwer. Dr. Fröhlich weist gleich auf eine andere Pritsche und sagt Helle, dass er Marthas Oberkörper frei machen soll. Danach untersucht er Martha, tastet mit beiden Händen ihren Bauch ab und fragt dabei nach ihren Beschwerden. Die Schwester antwortet brav, bis sie plötzlich laut aufschreit.

Ernst tastet der grauhaarige Doktor weiter auf Marthas Bauch herum, bis Martha wieder aufschreit. »Tja«, sagt er dann und bedeutet Helle, dass er Martha wieder anziehen soll. »Da wirst du wohl ein paar Wochen im Bett bleiben müssen.«

»Was hat sie denn?«

»Magengeschwüre. Da bin ich mir ganz sicher. Der ständige Hunger, der schwache Körperbau und dann die Arbeit bei Oma Schulte oben – so was hält ein kleines Mädchen nicht lange durch.«

Der Doktor kritzelt etwas auf seinen Rezeptblock. »Ich verschreibe ihr ein einfaches Schmerzmittel. Das gibst du ihr aber nur, wenn sie wirklich Schmerzen hat. Ansonsten braucht sie nichts außer sechs Wochen Bettruhe und Wärme.« Er drückt Helle den Zettel mit dem Rezept in die Hand. »Strengste Bettruhe, verstehst du! Sie darf diese Arbeit nicht mehr machen, sie ist viel zu schwach dafür.«

Danach packt Dr. Fröhlich Martha noch unter den Armen und stellt sie auf die Waage. Als er sie gewogen hat, streichelt er sie. »Eine Diät brauche ich dir nicht zu verordnen; was du nicht essen darfst, kriegt ihr sowieso nicht.«

»Darf ich Schokolade essen?« Martha hat die Aussicht auf sechs Wochen Bettruhe gleich wieder etwas munterer gestimmt.

»Um Himmels willen!« Der Doktor lacht. Er glaubt, dass Martha sich nur einen Scherz mit ihm erlauben will. »Das ist das Verkehrteste, was du tun könntest.«

Mit einem schnellen Blick gibt Martha Helle zu verstehen, dass er lieber nichts von Arnos Schokoladenbüchsen sagen soll. Und Helle sagt auch nichts. Erstens hat Dr. Fröhlich keine Zeit für Geschwätz, zweitens ist es sowieso sehr zweifelhaft, ob Martha je wieder Schokolade von Arno bekommen wird.

Der Doktor sagt dann noch, dass sie nächste Woche wiederkommen sollen. Wenn es nicht besser wird, muss er Martha zum Röntgen schicken. In der Röntgenabteilung aber sei es immer so voll, dass man einen ganzen Tag dort warten müsse. Das könnte Marthas Zustand verschlechtern, deshalb wolle er damit lieber noch warten.

Auf der Straße weht ein eiskalter Wind. Vorsichtshalber bindet Helle Martha auch noch seinen Schal um. »Nun brauchste nie wieder zu Oma Schulte hoch«, sagt er dabei zu ihr.

»Nie wieder?«

»Nie wieder!«

Noch am gleichen Abend bittet der Vater Helle, zusammen mit Ede Munition in den Tiergarten zu bringen. Es ist die Munition vom Dachboden, Onkel Kramer will sie im Tiergarten in Empfang nehmen. Helle und Ede sind sofort einverstanden. Natürlich, zwei Jungen fallen nicht so auf wie Erwachsene ...

Nur der matte Mondschein liegt über dem Tiergarten, sonst ist es finster in dem weitläufigen Park. Die wenigen Bäume, die noch nicht in den Öfen der umliegenden Häuser verschwunden sind – mächtige Kastanien und dicke Eichen, die keiner fällen konnte –, stehen da wie vielarmige Riesen. Unter den Schritten der beiden Jungen, die vorsichtig den Parkweg entlanggehen, knacken immer wieder kleine Äste. Normalerweise kein lautes Geräusch, doch in der weiten Stille des riesigen Parks sicher weithin zu hören.

»Hinter jedem Baum könnte einer stehen.« Edes Lachen soll Mut machen.

Helle antwortet nicht, die endlose Finsternis um sie herum verursacht auch in ihm ein mulmiges Gefühl. Der Tiergarten ist mehr als nur ein Park zwischen Häusern, ist ein richtiger kleiner Wald, und im Sommer, wenn alles grün ist, ein beliebtes Ausflugsziel. Um diese Zeit jedoch hat er etwas Gespenstisches an sich.

Und die Taschen, die sie tragen, werden auch immer schwerer. Weil es zu auffällig gewesen wäre, eine Kiste durch die Stadt zu tragen, hat der Vater die Schachteln mit der

Munition in zwei Taschen getan und obendrauf Papier gelegt. Und er schärfte ihnen ein, dass sie, im Tiergarten angekommen, Reisig auf das Papier legen sollten, damit es aussieht, als hätten sie die Abendstunden benutzt, um Brennmaterial zu sammeln. Das haben sie getan und hatten, obwohl die paar Äste doch so gut wie nichts wiegen, seltsamerweise beide das Gefühl, als würden die Taschen nun doppelt so schwer sein.

Ede wechselt die Hand, in der er seine Tasche trägt. »Wenn das noch lange dauert, kann ich Murmeln aufheben, ohne mich zu bücken.«

Das muss er sein, der vereinbarte Treffpunkt. Helle stellt seine Tasche ab und überprüft noch einmal alles ganz genau: drei Bänke nebeneinander, zwei Bänke und eine große, aber schon ziemlich morsche Eiche schräg gegenüber. Und das alles ungefähr hundert Meter rechts von der Siegesallee. »Wir sind richtig.«

»Na, Gott sei Dank.« Ede stellt seine Tasche dicht neben einen Baum, so dass der Schatten sie schluckt, setzt sich auf die Rückenlehne einer Bank und reibt sich die Innenflächen seiner Hände.

Gleich setzt Helle sich zu ihm. Den Hintern auf der Rückenlehne, die Füße auf der Sitzfläche der Bank, versichern sie sich gegenseitig, auf diese Weise nicht so sehr zu frieren.

Anschließend schweigen sie einige Zeit, lauschen dem Knarren der alten Eiche im Wind und blicken sich immer wieder unruhig um, bis Ede ungeduldig fragt: »Und was ist, wenn dein Onkel nicht kommt?«

»Der kommt.« Helle ist sich da ganz sicher: Auf Onkel Kramer ist Verlass. Außerdem ist ja bis acht Uhr noch mindestens eine Viertelstunde Zeit; in ihrem Bemühen, auf keinen Fall zu spät zu kommen, sind sie viel zu früh hier angelangt.

Wieder schweigen die beiden Jungen, rücken nur noch enger zusammen und schieben ihre Hände, so tief es geht, in die Joppentaschen.

»Gab's was Neues in der Schule?«

Helle hatte bisher noch keine Gelegenheit, danach zu fragen; solange sie die Taschen schleppten, war er mit seinen Gedanken ganz woanders. Nun erzählt Ede, dass Herr Förster und Herr Flechsig sich auf dem Flur gestritten hätten, und zwar so laut, dass sämtliche siebte und achte Klassen zuhören konnten. Herr Förster schrie Herrn Flechsig an, er sei ein Bolschewik, der nicht auf eine deutsche Schule gehöre, und Herr Flechsig antwortete, noch sei er kein Bolschewik, doch es sei durchaus möglich, dass Leute wie Herr Förster ihn eines Tages zu einem machten. Daraufhin lief Herr Förster zu Rektor Neumayr, schrie auch dort herum und rannte schließlich wie gehetzt aus der Schule. Die Klasse hatte sich gleich doppelt gefreut – erstens, weil dadurch die beiden Förster-Stunden ausfielen, zweitens, weil Herr Förster gegen Herrn Flechsig offenbar den Kürzeren gezogen hatte.

»Wenn die Revolution siegt, fliegt Herr Förster, verliert sie, fliegt Herr Flechsig«, stellt Ede zum Schluss fest und fügt hinzu, dass er auf jeden Fall Ostern die Schule verlassen werde. Er habe mit seinem Vater gesprochen, der meine nun auch, dass es noch andere Möglichkeiten gebe, was zu lernen.

Von irgendeiner Kirche her schlägt es acht Uhr. Ede springt von der Bank und macht sich warm, indem er ein paar Mal in die Knie geht.

Als das Läuten verklungen ist, ist wieder alles still, vielleicht sogar noch stiller als zuvor.

Ein Lkw rattert die Siegesallee hinunter, ein zweiter folgt ihm.

»Ob das unsere sind?« Ede haucht Rauchfahnen in die Luft und beginnt danach erneut mit seiner Gymnastik. Dann hört er etwas und richtet sich ruckartig auf. »Was war'n das?«

Helle hat das weit entfernte, plötzlich einsetzende Geknatter auch gehört. »Maschinengewehre«, flüstert er. Es hat sich angehört, als ob mehrere Maschinengewehre gleichzeitig das Feuer eröffnet hätten.

»Und woher kommt das? Vom Potsdamer Bahnhof?«

»Weiter.« Das muss mindestens der Anhalter Bahnhof sein. Der Vater hat ja gesagt, der sei auch besetzt.

Einen Augenblick lang ist alles still, dann rattert es wieder los.

»Vielleicht kommt dein Onkel deshalb nicht?«, flüstert Ede besorgt. »Und was machen wir dann mit den Taschen?«

»Zurückschleppen. Aber erst mal warten wir noch.«

Wieder Schüsse, aus der gleichen Richtung – und aus einer anderen!

»Das ist im Zeitungsviertel.«

Stille. Kein Schuss mehr, kein einziges Geräusch. Helle und Ede warten auf neues Trommelfeuer, doch nichts ist mehr zu hören. Dafür kommt auf einmal ein alter und ziemlich klappriger Pkw die Siegesallee heruntergeschaukelt, wird langsamer und hält. Erst passiert nichts, dann steigt ein Mann aus und schaut sich aufmerksam um.

»Ist das dein Onkel?«

Helle zuckt die Achseln. Von hier aus sieht er nichts als einen Schatten.

Ein zweiter Mann steigt aus – und noch jemand: eine Frau. Der eine der beiden Männer bleibt beim Auto, der andere Mann und die Frau betreten den Tiergarten.

Schnell wirft Ede sich hinter die Bank und zieht auch Helle zu sich herab. »Die suchen uns«, flüstert er. »Die gehen hier nicht nur spazieren.«

Es ist eindeutig, dass die beiden jemanden suchen, aber wer sind sie? Helle kann noch immer nicht viel mehr als zwei dunkle Gestalten erkennen. Nur dass Onkel Kramer nicht dabei ist, das steht fest: Onkel Kramer ist viel kleiner und gedrungener als der Mann da vorne.

»Helle!«

Sein Name! Und – Trudes Stimme!

Sofort springt Helle auf und läuft auf Trude zu. Ede folgt ihm nur langsam.

»Da seid ihr ja!« Trude drückt Helle an sich. »Habt ihr die Munition?«

Helle kann nur nicken, denn nun hat er in Trudes Begleiter Heiner erkannt. Der aber hat keine Zeit, lange Erklärungen abzugeben. »Wo habt ihr sie? Wir müssen uns beeilen.«

Rasch führt Ede Heiner zu dem Baum, neben dem sie die Taschen abgestellt haben, und Trude bittet Helle, sich genau zu merken, was er dem Vater ausrichten soll. »Sie haben angegriffen, stürmen den Anhalter Bahnhof und das Zeitungsviertel. Er soll alles, was Beine hat, mobilisieren. Wir brauchen dringend Verstärkung. Es geht um jeden Mann und jede Minute.«

Die Arbeiter, Soldaten und Matrosen, die mit dem Ergebnis der Revolution nicht zufrieden sind, haben sich im Zeitungsviertel verschanzt. Hinter Papierballen hervor und aus Fenstern heraus schießen sie auf die regierungstreuen Truppen. Helles Vater ist auch dabei.

»Helle! Helle! Hörste denn nichts?«
Nur schwer findet Helle aus dem Schlaf. Wieso weckt Martha ihn mitten in der Nacht? Doch dann hebt er sofort den Kopf: Kanonendonner! Genau wie am Heiligen Abend, nur leiser, weiter weg.

»Jetzt geht's los«, flüstert die Mutter, die auch aufgewacht ist. »Jetzt schießen sie alles zusammen.«

Rasch steht Helle auf, stellt sich ans Fenster und blickt zum Himmel empor, als würde sich dort etwas von dem, was sich in der Innenstadt abspielt, widerspiegeln. Doch der Himmel ist nur dunkel und wolkenbewegt, kein Stern, nicht mal der Mond ist zu sehen.

Die Mutter steht auch auf und beginnt sich anzuziehen.

»Wo willste denn hin?«, fragt er leise.

»Ich will es sehen, will dabei sein.«

»Nimm mich mit.« Es ist dunkel im Zimmer, Helle kann die Mutter nicht sehen, kann sie nur mit den Kleidern rascheln hören, weiß aber, dass sie über seine Bitte nachdenkt, und kennt auch schon die Antwort.

»Das geht nicht. Beide können wir nicht fort.«

»Und wenn dir was passiert? Es ist gefährlich, ich …« Es

hat keinen Sinn, dagegen anzureden; die Mutter wird nicht auf ihn hören. Voller Unruhe setzt Helle sich auf die Bettkante, spürt nicht mal die Kälte im Zimmer, hat nur Angst, Angst, die aus der Brust hochsteigt und im Hals klopft.

»Sie lassen mich ja gar nicht ins Zeitungsviertel hinein, ist ja alles abgesperrt.« Die Mutter sucht die Streichhölzer und will, als sie sie gefunden hat, die Petroleumlampe anzünden. Doch nun hat auch Martha mitbekommen, was die Mutter vorhat. Ganz verschreckt springt sie aus dem Bett und klammert sich an ihr fest.

»Martha!« Mutters Stimme klingt scharf. Sie hat keine Zeit mehr, lange Erklärungen abzugeben, der Kanonendonner wird ja immer lauter, immer bedrohlicher. »Ich hab so oft Rücksicht auf euch genommen, jetzt nehmt bitte auch einmal Rücksicht auf mich.« Und als Martha trotzdem nicht von ihr ablässt, fährt sie sie an: »Haste mich verstanden?«

Nein, Martha hat die Mutter nicht verstanden, kann sie nicht verstehen. Seit drei Tagen bangt sie um den Vater, der sie einfach allein gelassen hat, obwohl sie doch krank ist – und nun will die Mutter auch dahin, wo der Vater ist ...

»Martha!« Die Mutter verliert endgültig die Geduld, gewaltsam packt sie Martha und legt sie ins Bett zurück. Doch die Schwester bleibt nicht liegen, ist halb von Sinnen vor Angst.

»Halt sie doch fest«, schreit die Mutter Helle an und schreckt damit auch Hänschen auf, der gleich zu plärren beginnt und nun ebenfalls erst beruhigt werden muss.

Martha beißt, kratzt, schlägt um sich und stößt mit den Füßen. Sie bietet all ihre Kräfte auf, um die Mutter vom Fortgehen abzuhalten. Helle bleibt keine andere Möglichkeit, als sie unter sich zu begraben und sie mit dem Gewicht seines Körpers niederzudrücken.

Die Mutter hat inzwischen die Petroleumlampe angezündet. »Das müsst ihr doch verstehen«, flüstert sie, bevor sie in die Küche geht. »Ich muss jetzt einfach bei ihm sein.«

Da gibt die Schwester auf, heult nur noch. Helle zieht sie an sich und lässt zu, dass sie sich ganz fest an ihn schmiegt und ihm die Brust nass heult. Und dann tröstet er sie, indem er leise mit ihr schimpft: »Hätteste uns nicht geweckt, wäre Mutter auch nicht fortgegangen.«

Seitdem Martha von morgens bis abends im Bett liegt und auch zwischendurch immer mal ein Nickerchen einschiebt, schläft sie nachts nur noch schlecht. Vor Sorge um den Vater kann sie manchmal sogar überhaupt nicht einschlafen. Dann liegt sie die ganze Nacht wach, wälzt sich unruhig hin und her und weckt ihn immer wieder auf, um sich von ihm beruhigen zu lassen. Er sagt dann stets dieselben Sätze, solche wie »Vater kommt bestimmt bald wieder«, »Einem, der nur noch einen Arm hat, tun sie doch nichts« oder »Er ist viel zu klug, um auf ihre Tricks reinzufallen«. Alles ganz dummes Zeug, das Martha zwar beruhigt, ihn jedoch immer unruhiger werden lässt. Er weiß ja, wie nichts sagend dieser Trost ist, hat immer noch das Bild des Soldaten mit dem zerschossenen Kopf vor Augen, sieht dann den Vater so liegen und kann auch nicht mehr einschlafen ...

Die Mutter kommt noch mal zurück. »Macht euch Haferflocken«, sagt sie und streichelt Martha, um sich bei ihr für ihren harten Ton zu entschuldigen.

Martha schmollt mit der Mutter, macht sich steif, hofft, die Mutter dadurch vielleicht doch noch zum Hierbleiben bewegen zu können. Da aber wird das ferne Grollen schon wieder lauter, dichter. Die Mutter gibt Martha noch schnell einen Kuss, dann geht sie in den Flur, um ihren Mantel anzuziehen.

»Lass die Lampe brennen«, schreit Martha ihr noch nach.

Beunruhigt steckt die Mutter noch mal den Kopf in die Tür. »Wollt ihr denn nicht mehr schlafen? Es ist ja noch mitten in der Nacht.« Sie sagt das, obwohl sie ganz genau weiß, dass sie nicht mehr schlafen können, will nur ihr Gewissen beruhigen.

»Mach dir keine Sorgen. Wir langweilen uns schon nicht.« Helle wollte der Mutter etwas Gutes sagen, etwas Besseres als diese schroffe Bemerkung fiel ihm nicht ein. Martha jedoch springt aus dem Bett, läuft auf die Mutter zu und presst sich an sie. Diesmal, ohne sie festzuhalten.

»Bin ja bald wieder da«, tröstet sie die Mutter. »Denkste etwa, ich lass dich allein?« Dann hebt sie Martha hoch, trägt sie ins Bett zurück und geht.

Martha und Helle hören die Tür ins Schloss fallen – und sind allein.

»Und wenn sie nicht wiederkommt?«, fragt Martha leise.

»Sie kommt wieder. Da, wo geschossen wird, darf sie ja gar nicht hin.«

Als Ede neulich hier war, hat er es gesagt: Die Straßen rund um das Zeitungsviertel sind abgesperrt, Soldaten halten Schilder in den Händen: Wer weitergeht, wird erschossen.

In dieser Nacht wird nicht mehr geschlafen, Helle muss sich um die jüngeren Geschwister kümmern. Nicht nur Martha ist krank, auch Hänschen ging es eine Zeit lang schlecht. Es gibt ja nichts Vernünftiges zu essen – und wenn Babys nicht mal mehr genügend Trockenmilch bekommen, wie sollen sie gesund aufwachsen?

Die Suppe ist fertig. Martha bekommt ihre Schüssel ans Bett gebracht, Hänschen nimmt Helle lieber mit in die Küche. Erstens muss er ihn sowieso wickeln und zweitens weicht er so Marthas Fragen aus; Fragen, die er ihr vom Gesicht ablesen, aber nicht beantworten kann. Er weiß ja auch nicht mehr als sie, kann sich nur ein bisschen mehr denken. Darüber reden, solange alles nur Vermutung ist, jedoch möchte er nicht.

Beim Wickeln kitzelt Helle den kleinen Bruder. Er will sich davon überzeugen, dass es noch klappt – und freut sich: Hänschen lacht wieder! Seit er den Bauch mit süßen Haferflocken voll gestopft bekommt, geht es ihm besser, kann er sogar wieder lachen. Der einzige Lichtblick in all diesen Tagen. Auch für Dr. Fröhlich. Als er am Donnerstag im vierten Hof war, nutzte er die Gelegenheit, um auch Anni, Martha und Hänschen zu untersuchen. Über Martha lachte er nur; Martha, die seit drei Tagen nicht mehr aus dem Bett gekommen ist und nur noch aufsteht, wenn sie auf die Toilette muss, genießt das ständige Liegen wie einen Pudding, an dem man endlos lange isst und der einem trotzdem von Löffel zu Löffel besser schmeckt. Wenn die Sorge um den Vater nicht wäre, ginge es auch ihr schon wieder besser. Über Hänschen lachte Dr. Fröhlich nicht, über Hänschen freute er sich. Freute sich so, dass er ganz rot im Gesicht wurde und sagte, wenn er so was erlebe, wisse er doch wenigstens, wofür er sich die Hacken krumm laufe.

Frisch gewickelt sieht Hänschen nun fast rosig aus. Helle nimmt ihn in den Arm und beginnt ihn zu füttern. Wenn der Vater wüsste, dass es Hänschen besser geht! Wie sehr würde ihn das freuen. Doch vielleicht wird er das nie mehr erfahren …

Er darf so was nicht denken. Wenn man das Unglück beim Namen nennt, kommt es gerennt! Ein doofer Spruch, aber er möchte nichts berufen.

»Helle!«

Martha! Sie ruft jetzt immer so verlangend. Früher hätte er geantwortet: Sei nicht so faul, komm in die Küche, wenn du was willst. Jetzt darf die Schwester nicht nur faul sein, sie muss es sogar.

»Was ist denn?«

»Mir ist schlecht.«

Auch das noch! Helle klopft Hänschen den Hintern, bis er sein Bäuerchen gemacht hat, dann trägt er ihn in die Schlafstube und setzt sich zu Martha ans Bett. »Ist dir schlecht oder haste Bauchschmerzen?«

»Schlecht ist mir.«

Doktor Fröhlich hat gesagt, er darf Martha die Pillen nur geben, wenn sie Schmerzen hat. Was er tun soll, wenn ihr schlecht ist, hat er nicht gesagt.

»Soll ich dir 'n Tee machen?«

Martha schüttelt den Kopf.

»Soll ich dir 'ne Wärmflasche machen?«

»Au ja!«

So eine heiße Steingutflasche im Bett, das ist was für Martha. Schon der Gedanke daran verklärt ihre Miene.

Seufzend geht Helle in die Küche zurück, stellt Wasser auf den noch heißen Herd und nimmt die alte Schnapsflasche aus dem Schrank. Mit heißem Wasser gefüllt, kann man sich die Flasche, wenn der Korken richtig fest draufsitzt, an kalten Tagen im Bett an die Füße legen. Wenn man sich nicht wohl fühlt, ist sie aber auch auf dem Bauch sehr angenehm. Meistens wird einem dann tatsächlich wieder besser.

An der Tür wird geklopft. Nur zögernd geht Helle durch den Flur. Die Mutter kann es nicht sein, die hat Schlüssel, und wenn sie klopft, klopft sie anders.

»Wer ist denn da?«

»Ich bin's.«

Herr Rölle? Helle öffnet die Tür nur einen Spalt weit. »Ja?«

Der lange, dünne Mann versucht, über ihn hinwegzublicken. »Ist dein Vater da?«

»Er schläft.«

Herr Rölle glaubt ihm nicht. »Weck ihn auf, ich möchte mit ihm reden.«

»Wenn ich ihn wecke, verprügelt er mich.«

»Du lügst ja. So einer ist dein Vater doch gar nicht.«

»Woher wollen Sie denn das wissen?«

Herr Rölle macht ein Gesicht, als überlege er, ob er den Fuß in die Tür stellen soll, um sich gewaltsam Einlass zu verschaffen, lässt es aber, als er Helles wachsamen Blick bemerkt, dann doch lieber sein und steigt weiter die Treppe hoch.

Helle sieht dem wie immer sehr ordentlich angezogenen Mann noch ein Weilchen nach, dann schließt er die Tür wieder. Der wäre ihm nicht in die Wohnung gekommen; er wäre schneller gewesen, hätte die Tür zugehabt, bevor Herr Rölle seinen Fuß dringehabt hätte. Und wenn nicht, hätte er sie so wuchtig zugeknallt, dass er sich alle Zehen gebrochen hätte ...

»Wer war denn das?«

Marthas Stimme klingt kläglich. Helle füllt das inzwischen heiße Wasser in die Wärmflasche, verkorkt sie und bringt sie Martha. Doch erst als er der Schwester die für den Bauch noch zu heiße Flasche an die Füße gelegt hat, beantwortet er ihre Frage: »Der Rölle, der Spitzel!«

Was geht es Oma Schultes Schlafburschen an, ob der Vater zu Hause ist oder nicht? Die beiden sind schließlich keine Freunde. Und warum hat Herr Rölle nicht gesagt, was er wollte? Helle neigt nun immer mehr dazu, dem Vater Recht zu geben. Der Rölle tut ja alles, um den Verdacht, den der Vater gegen ihn hegt, zu verstärken. Seitdem die Regierungstruppen von Tag zu Tag mehr die Oberhand gewinnen, geht er durch das Haus, als gehöre es ihm; gibt sich freundlich, aber streng, verteilt Lob und Tadel. Und als Oma Schulte sich bei ihm darüber beklagte, wie die Soldaten mit Oswin umgesprungen sind, antwortete er kalt, sie solle sich nicht so aufregen, Oswin habe seinen Zustand selbst verursacht; wer Deserteure verstecke, müsse mit Bestrafung rechnen, das sei eine Binsenweisheit.

Oma Schulte war so perplex, dass sie gar nichts antworten

konnte und später nichts mehr antworten wollte. Wenn sie die Miete nicht so dringend brauchen würde, hätte sie einen solchen Lump wie den Rölle längst auf die Straße gesetzt, hat sie zur Mutter gesagt. Und sie steht mit ihrer schlechten Meinung längst nicht mehr allein da; Herr Rölle hat bereits das ganze Haus gegen sich aufgebracht. Und das zu Recht, wie schon eine einzige Geschichte beweist: Anstelle von Martha arbeitet jetzt Annis Bruder Willi für Oma Schulte, die dafür auf ihn und Otto aufpasst, wie sie zuvor auf Martha und Hänschen aufgepasst hat. Für Anni, der es, wie das ganze Haus weiß, wieder schlechter geht und die deshalb im Bett bleiben muss, und auch für Annis Mutter, die ja immer erst spät in der Nacht nach Hause kommt, ist das eine große Erleichterung. Herr Rölle aber hat Willi vom ersten Tag an wie einen Laufburschen behandelt und ihn dieses und jenes für sich erledigen lassen, obwohl Willi ja nicht bei ihm, sondern bei Oma Schulte angestellt ist. Eines Tages wollte Annis Mutter ihn deshalb im Hof zur Rede stellen, Herr Rölle aber hat sie einfach stehen lassen, hat sie wie ein Stück Dreck behandelt ...

»Was is'n das – 'n Spitzel?«, fragt Martha, nachdem sie lange genug nachgedacht hat.

»Ein Spion. Einer, der seine Nase in Sachen steckt, die ihn nichts angehen; einer, der andere verrät.«

»Wen hat'n der Rölle verraten?«

»Den, der die doofen Fragen erfunden hat.«

Die Schwester muss lachen. »Und wer hat die doofen Fragen erfunden?«

»Du. Wer sonst?«

Helles Eltern kehren zurück. Ihnen ist nichts geschehen. Ihr Kampf aber, das müssen sie nun einsehen, ist aussichtslos. Die Regierungstruppen sind einfach zu stark und zu brutal. Und ist ein halber Sieg denn nicht besser als gar nichts? Sie müssen ihre Träume von einem gerechteren Leben und »Nie wieder Krieg« ja nicht aufgeben. Vielleicht können sie sie später einmal wahr machen. Wichtigste Aufgabe ist es nun, diejenigen ihrer Mitkämpfer, die von der Reichswehr verfolgt werden, in Sicherheit zu bringen. So erhält Helle wieder einmal einen Auftrag. Er soll ein Päckchen mit falschen Papieren ins Scheunenviertel bringen. Die Straßen werden kontrolliert, ein Junge auf seinem Fahrrad fällt weniger auf als ein Erwachsener.

Helle hat sich das Päckchen wieder unters Unterhemd geschoben, so wie damals, als er es Onkel Kramer bringen sollte. Nun spürt er es auf der Haut, während er auf seinem Rad durch die Straßen fährt und den kürzesten Weg zur Grenadierstraße einschlägt: Koppenplatz, Gipsstraße, Weinmeisterstraße, Münzstraße.

Die Münzstraße ist die Hauptstraße des Scheunenviertels. Die Häuser links und rechts der schmalen Straße sind zwar auch nur zwei bis drei Stockwerke hoch, wie fast überall im Scheunenviertel, aber nicht ärmlich und grau, sondern bunt und an normalen Tagen überaus belebt. Da gibt es das »BiographTheater«, das älteste Kino Berlins, da gibt es viele kleine Etagenrestaurants und Eckkneipen, Geschäfte und

Handwerksbetriebe, Buchhandlungen und Leihbibliotheken. Doch heute herrscht kein Gedränge, keine geschäftige Betriebsamkeit; heute sind nur wenige Passanten unterwegs. Dafür kommt Helle, kurz bevor er die Ecke Grenadierstraße erreicht hat, ein Trupp berittener Soldaten entgegen. Sie kommen direkt vom Alexanderplatz und reiten sehr langsam; kontrollieren die Straße, die sie in voller Breite ausfüllen. Kurz entschlossen biegt Helle in die Dragonerstraße ein, die parallel zur Grenadierstraße verläuft, doch als er rechts in die Schendelgasse hineinwill, um von oben in die Grenadierstraße zu gelangen, stößt er wieder auf patrouillierende Soldaten. Er fährt einen Bogen, als unternehme er nur eine Spazierfahrt, biegt links in die Schendelgasse ein, überquert die Alte Schönhauser und fährt durch die Mulackstraße.

Wenn das Scheunenviertel der verrufenste Teil der Stadt ist, so ist die Mulackstraße die verrufenste Straße des Viertels. Was Helle schon alles über diese Straße gehört hat, könnte mehrere Sitten- und Kriminalromane füllen. Doch daran denkt er jetzt nicht, in seinem Kopf arbeitet es fieberhaft: Die Mutter hat Recht, es wimmelt nur so von Soldaten in der Stadt. Wenn er zu Arno will, muss er durch einen dieser Trupps hindurch – und das kann er nicht, solange er das Päckchen bei sich hat. Findet man es bei ihm, ist er geliefert. Also muss er es verstecken, zu Arno fahren und ihm sagen, wo er es versteckt hat.

Eine offene Toreinfahrt. Helle wird langsamer, fährt dichter ran und schaut hinein.

Alles ist ruhig, Haus und Hof dämmern vor sich hin. Er tut, als suche er jemanden, fährt langsam durch die dunkle, muffig riechende Toreinfahrt auf den Hof und fühlt sich in ein Dorf versetzt: links ein flacher Fachwerkbau, rechts eine Holztreppe, die zu einer verwitterten Eingangstür führt. Lange blickt er sich um, bis er sich unbeobachtet fühlt und das Päckchen, das er schon in der Hand hält, schnell in einen Spalt zwischen Balken und Mauerwerk des Fachwerkbaus schieben kann. Danach blickt er sich wieder erst längere Zeit um, bevor er den Hof verlässt. Auf der Straße prägt er sich noch die Nummer dieses Hauses ein, dann radelt er zurück.

Es war klug von ihm, das Päckchen zu verstecken: Die Soldaten mit den Stahlhelmen halten ihn tatsächlich an, fragen ihn, wo er hinwill, und tasten ihn ab. Sie suchen nicht das Päckchen, sie suchen Waffen, aber wenn er das Päckchen noch bei sich gehabt hätte, hätten sie es gefunden.

Wo er hinwill, ist schnell erzählt: Da gibt es eine alte Tante, die so krank ist, dass sie sich nicht mehr rühren kann und er ihr die Wohnung heizen muss. Die Soldaten finden das sehr löblich von ihm und lassen ihn passieren.

Ohne sich noch einmal umzudrehen, fährt Helle durch die Schendelgasse und biegt rechts in die Grenadierstraße ein. Erst als ihn die Männer mit den Stahlhelmen nicht mehr sehen können, wird er langsamer. Nr. 41. Da steht es. Links ist ein Zigarrengeschäft, rechts eine Kohlenhandlung, und direkt neben der Toreinfahrt ist ein Schild angebracht: Frau Malzer – Hebamme.

Er fährt erst einmal an dem Haus vorüber, beobachtet die Straße und dreht sich immer wieder um. Als er sicher ist, dass ihm keiner der Soldaten gefolgt ist, fährt er zurück und durch das offene Tor in die Nr. 41 hinein. Erst im Hof steigt er vom Rad.

So wie die Häuser niedriger sind als die Weddinger Mietskasernen, sind auch die Höfe kleiner und enger. In diesem Hof hätte nicht einmal eine zweite Teppichklopfstange Platz. Vorsichtig schiebt Helle sein Rad in den Hofaufgang und lehnt es an die Wand.

Dann steigt er langsam die Treppe hinauf.

Da ist das Türschild: Julius Roth.

Wie er hier zu klopfen hat, weiß er nicht, darüber hat Atze nichts verlauten lassen, also klopft er am besten ganz normal und tritt danach bis an die Treppe zurück.

Schritte hinter der Tür. Jemand schaut durch den Spion. Helle tritt wieder etwas vor, damit er besser gesehen werden kann, gleich darauf wird die Tür geöffnet.

Arno! Sofort stürzt Helle auf den Matrosen zu, der ihn in die Arme nimmt und leise in die Wohnung zieht.

»Helle! Junge!«

Auch Arno freut sich über ihr Wiedersehen, aber ist das wirklich noch Arno? Der Matrose ist nicht nur hagerer geworden, als Helle ihn in Erinnerung hat, er sieht auch ernster aus, verbitterter.

»Haste das Päckchen?«

Rasch erzählt Helle von den Soldaten, auf die er immer wieder gestoßen ist, und dass er das Päckchen deshalb lieber versteckt hat.

»Soldaten?« Arno ist beunruhigt, will erst alles über die Soldaten wissen und dann, wo Helle das Päckchen versteckt hat. Erst danach führt er ihn in einen Raum, der so dunkel ist, dass Helle Zeit braucht, um sich einigermaßen zurechtzufinden. Das Erste, was ihm auffällt, sind die Bücherregale an den Wänden; bis an die Decke reichen sie, und sie sind so voll gestellt, dass er keine einzige Lücke entdecken kann.

Doch nicht nur in den Regalen stehen Bücher, auch auf dem Schreibtisch, der dicht am Fenster steht, und sogar auf dem Fußboden liegen sie stapelweise. Neben dem Fenster steht der Schnauzbärtige, der Helle ernst zunickt, und ein anderer Matrose, ein blasser Junge mit einer Narbe im Gesicht.

»Hat er die Papiere?«

Die Stimme kommt von dem Sofa, das vor einem der Regale steht. Ein weißhaariger Mann sitzt dort und sieht Helle prüfend an. Neben dem Weißhaarigen hockt ein junges Mädchen. Beide sind sie im Mantel; sitzen da wie auf einem Bahnhof.

Arno klärt den Weißhaarigen und das Mädchen auf, weshalb Helle die Papiere nicht bei sich trägt, und sagt dann: »Diese Patrouille macht mir Sorgen. Vielleicht ist es besser, ihr wartet noch.«

Das Mädchen tritt ans Fenster und schaut hinaus. »Wenn wir noch lange warten, werden wir garantiert gefasst.«

Es geht um den Weißhaarigen, er wird irgendeine wichtige Persönlichkeit sein, eine, die unbedingt in Sicherheit gebracht werden muss. So viel hat Helle nun schon begriffen, aber den Namen Julius Roth hat er noch nie gehört. Oder heißt der Weißhaarige vielleicht gar nicht Julius Roth? Onkel Kramer trug ja auch eine Zeit lang einen falschen Namen.

»Sie suchen nach Waffen«, sagt Helle. »Wer keine Waffen hat, den lassen sie durch.«

Der Weißhaarige überlegt einen Moment, dann sagt er: »Wir müssen es riskieren.«

»Und wenn sie dich erkennen?«, fragt das Mädchen.

»So bekannt bin ich nun auch wieder nicht.« Der Weißhaarige nimmt eine Tasche und knöpft seinen Mantel zu. Er ist wirklich nicht nur ein alter Mann, ist so eine Art »Herr« – aber einer von der sympathischen Sorte. Helle ist es auf einmal, als hätte er den Weißhaarigen schon mal gesehen.

Nachdenklich zieht das Mädchen einen Revolver aus der Tasche und legt ihn auf den Tisch. »Den lass ich dann mal besser hier.«

Der Weißhaarige sieht sich noch einmal in der Wohnung um, dann sagt er zu Arno: »Falls ihr den Julius seht, grüßt ihn von mir.«

Also heißt der Weißhaarige tatsächlich nicht Julius Roth, hat sich nur hier versteckt? Helle hat immer deutlicher das Gefühl, diesen Mann schon einmal gesehen zu haben, doch ihm fällt beim besten Willen nicht ein, wo und wann.

»Geht über den Boden«, rät der Schnauzbärtige. »Vielleicht ist es gut, wenn ihr nicht gerade dieses Haus verlasst.«

»Kommt ihr nicht mit?«, fragt Helle Arno.

»Mit uns würdet ihr keine drei Meter weit kommen.« Arno grinst und ist damit fast wieder der Alte. »Auf so was wie uns veranstalten sie heute Treibjagden.« Dann wird er ernst. »Es geht wirklich nicht. Deshalb musst du mit ihnen mit und ihnen die Papiere geben.« Vertraulich legt er Helle die Hand auf die Schulter. »Irgendwann sehen wir uns wieder. Dann feiern wir ein Fest, dass die Bude wackelt. Der ganze vierte Hof ist eingeladen. Bis dahin grüß zu Hause, ganz besonders Martha und Hänschen.«

Der Weißhaarige und das Mädchen steigen schon die Treppe hoch. Helle folgt ihnen rasch über den voll gestellten Boden und im Nachbarhaus die Treppe wieder hinunter. Sein Fahrrad fällt ihm ein, das ja nun im Hofaufgang der Nr. 41 stehen geblieben ist. Er hätte es lieber mitgenommen, aber das geht nun nicht mehr. Er kann schließlich nicht verlangen, dass der Weißhaarige und das Mädchen eines Rades wegen ihr Leben riskieren.

Der Hof sieht genauso aus wie der Nachbarhof, ist nur nicht ganz so schmal. Im Hausflur hält das Mädchen den Weißhaarigen zurück, schaut zuerst durch die Tür auf die Straße – und erschrickt: »Stahlhelme! Jede Menge Stahlhelme!«

Der Weißhaarige späht auch durch den Türspalt. »Die warten auf uns«, sagt er leise.

»Und was machen wir nun?«, fragt das Mädchen ungeduldig. »Gehen wir über die Dächer?«

»Das hat keinen Sinn. So dumm sind die nicht. Sicher haben sie dort längst Posten aufgestellt.« Der Weißhaarige überlegt einen Augenblick und sagt dann: »Geht ihr beide. Euch suchen sie nicht.«

»Und du?«, fragt das Mädchen.

»Ich ziehe mich ins Treppenhaus zurück, warte, bis die Luft rein ist.«

»Dann bleibe ich bei dir.«

»Wozu?«

»Vielleicht kann ich dir irgendwie helfen.«

Der Weißhaarige versucht nicht, das Mädchen umzustimmen; er sieht, dass das keinen Zweck hätte. Lächelnd reicht er Helle die Hand: »Falls wir uns nicht mehr sehen – danke schön!«

»Und die Papiere?«, fragt Helle.

»Tja, darauf werden wir wohl verzichten müssen. Selbst wenn du uns sagst, wo du sie versteckt hast – es wäre zu auffällig, wenn wir dort herumsuchten.«

»Ich kann ja warten.«

»Wenn du das tun willst ... Aber du darfst dich nicht in Gefahr bringen.« Der Weißhaarige schaut auf seine Uhr – und da weiß Helle auf einmal, wo er ihn gesehen hat: Es war an dem Tag, als er mit den Matrosen zum Marstall fuhr. Der Weißhaarige stand neben Rosa Luxemburg* und drängte sie, ihr Gespräch mit den Leuten um sie herum zu beenden. Damals sah er auch auf seine Uhr ...

»Geh jetzt.« Der Weißhaarige öffnet die Haustür einen Spalt weit, um sich erst noch einmal davon zu überzeugen, dass Helle keine unmittelbare Gefahr droht, und nickt ihm dann zu. »Benimm dich möglichst unauffällig. Tu, als ob du hier zu Hause wärst.«

In gelangweilter Haltung tritt Helle auf die Straße und blickt sich um.

Ein Lkw steht vor der Nr. 41, voll besetzt mit bewaffneten Soldaten. Vor der Haustür geht ein Hauptmann auf und ab. Er guckt zu Helle hin und gleich wieder weg. Die Hände in den Hosentaschen, schlendert Helle über die Straße.

»Da sind Matrosen drin!«

Ein Soldat schreit es aus der Toreinfahrt und verschwindet gleich wieder. In den Hauptmann kommt Bewegung. Er brüllt Befehle, scheucht die Soldaten vom Lkw, lässt sie entlang der Straße eine Kette bilden und gibt auch denen, die sich hinter den Schornsteinen der Dächer postiert haben, Anweisungen.

Einer der Soldaten stellt sich dicht vor Helle, der nun in der Haustür zur Nr. 42 steht, die der 41 direkt gegenüberliegt. »Geh lieber ins Haus«, sagt er. »Vielleicht knallt's bald.«

Helle wirft einen Blick auf die Schulterstücke des Soldaten und weiß Bescheid: ein Maikäfer! Im November hatten sich die Männer aus der Maikäferkaserne der Revolution angeschlossen und im Dezember das Blutbad in der Chausseestraße angerichtet; sie gehörten zu den Truppenteilen, die im Zeitungsviertel eingesetzt wurden, und sie sind auch jetzt wieder dabei.

Der Soldat hat Helles ablehnenden Blick bemerkt. »Ist ja dein Leben«, sagt er gleichgültig und schaut weiter zu den Dächern hoch.

Inzwischen ist Helle längst nicht mehr der Einzige, der verfolgt, was sich vor der Nr. 41 abspielt. Überall liegen Neugierige in den Fenstern, stehen Schaulustige herum, zumeist Frauen, aber auch alte Männer und junge Burschen. Sogar einige der Ladenbesitzer, die sich angstvoll in ihren Läden eingeschlossen hatten, sind vor die Türen getreten. Alle schauen sie zu den Dächern hoch, erwarten, dass dort jeden Moment etwas passiert.

Der Hauptmann schickt seine Soldaten nun auch in die Nachbarhäuser. Helle sieht vier Mann in das Haus laufen, in dem er den Weißhaarigen und das Mädchen weiß, und glaubt, sein Herz setze aus, so sehr fährt ihm der Schreck in die Glieder. Er fürchtet, jeden Augenblick Schüsse zu hören, wartet richtig darauf – und dann fallen sie auch! Wie verrückt hämmert da auf einmal ein Maschinengewehr los. Doch die Schüsse fallen nicht in dem Haus, in dem sich der Weißhaarige und das Mädchen versteckt halten, sie fallen in der Nr. 41. Und das Haus, das Helle zuvor wie unbewohnt schien, erwacht nun zum Leben. Einige Bewohner kommen auf die Straße gelaufen, sind entsetzt, was sich da in ihrem Haus abspielt, andere lassen nur die Jalousien herunter. Dann bricht das Rattern genauso plötzlich wieder ab.

Haben sie die Matrosen? Helle will ein wenig vortreten, wird aber von dem Soldaten zurückgescheucht.

Auch die anderen Schaulustigen versuchen, sich dem Lkw zu nähern. »Habt ihr sie?«, fragt der Fleischermeister, der lange Zeit zusammen mit seiner Frau vor der Ladentür gestanden hat.

»Weg!«, schreit der Hauptmann. »Weg!«

Der Fleischermeister und einige andere machen ein paar Schritte zurück, viele Frauen jedoch, die meisten jungen Burschen und auch einige ältere Männer lassen sich nicht einschüchtern. »Bringt die Jungs nicht um«, ruft ein alter Mann. »Lasst sie leben.«

Als Antwort befiehlt der Hauptmann zwei seiner Soldaten, die Männer und Frauen zurückzudrängen.

»Da!« Der Fleischermeister, der nun wieder vor seiner Ladentür steht, streckt die Hand aus. »Auf dem Dach!«

Der Schnauzbärtige! Er liegt hinter einem Schornstein und verteidigt sich gegen die Soldaten auf dem Dach, die nun von allen Seiten das Feuer auf ihn eröffnen. Die Schaulustigen verschwinden in ihre Häuser oder Läden, die Fenster klappen zu, die Soldaten auf der Straße gehen hinter dem Lkw in Deckung. Der Soldat vor der Nr. 42 will Helle nun mit Gewalt in den Hausflur zurücktreiben, doch jetzt geht Helle von allein, lehnt sich drinnen an die Wand, atmet heftig.

Das Feuer wird immer wütender. Helle versucht herauszuhören, ob der Lärm von weiter oben, vom Dach, oder von unten, von der Straße herkommt; die Schüsse aber sind nicht voneinander zu unterscheiden. Zwischendurch hört er Schritte, ahnt, dass das die Soldaten sind, die bessere Schusspositionen suchen, und beißt sich vor Spannung, Angst und Sorge die Lippen blutig.

Das Gefecht dauert eine Ewigkeit oder nur Minuten, Helle hat jedes Zeitgefühl verloren. Er steht nur da, hört auf den Lärm und fühlt sich an den Heiligabend-Vormittag erinnert, als er sich auch in einen Hausflur flüchtete.

Die Ruhe setzt schlagartig ein, kein einziger Schuss durchbricht sie noch. Vorsichtig öffnet Helle das Tor einen Spalt weit – und zuckt zurück: Mitten auf der Straße stehen zwei Soldaten, einer hat den Weißhaarigen vor sich stehen, der andere das Mädchen. Beide halten sie ihre Gefangenen, die mit erhobenen Händen zum Dach hochschauen, mit ihren Gewehren in Schach.

»Ergebt euch!«, ruft der Hauptmann ebenfalls mit Blick zum Dach hinter dem Lkw hervor. »Werft die Waffen weg – oder wir machen kurzen Prozess mit den beiden!«

Der Schnauzbärtige! Er liegt schräg über dem Fanggitter, die Arme ausgebreitet, den Kopf nach unten. Neben dem Schornstein steht Arno, hält sein Gewehr in den Händen und zögert noch.

»Ergebt euch!«, ruft nun auch der Weißhaarige und fügt leise, wohl nur für das Mädchen bestimmt, hinzu: »Es hat ja keinen Sinn mehr. Sie sollen nicht auch noch fallen.«

Da wirft Arno sein Gewehr auf die Straße. Es scheppert laut. Neben ihm taucht der Junge mit der Narbe auf und zögert immer noch. Kurz entschlossen nimmt Arno ihm sein

Gewehr ab und wirft es ebenfalls auf die Straße. Dann bückt er sich, um die Leiche des Schnauzbärtigen aufzuheben.

Erst jetzt wagen sich die Soldaten auf dem Dach an die beiden Matrosen heran und führen sie mit vorgehaltenen Gewehren ab.

Ohne noch länger zu zögern oder den Befehl dazu abzuwarten, besteigt der Weißhaarige den Lkw und setzt sich hin. Das Mädchen folgt ihm still, während der Hauptmann sich nun den beiden Matrosen zuwendet, die von den Soldaten, die sie auf dem Dach festgenommen haben, herangeführt werden und ihren toten Kameraden zwischen sich tragen. Der Junge mit der Narbe blutet an der Stirn, Arno ist offensichtlich unversehrt. So vorsichtig, als könnten sie ihm noch irgendwie wehtun, legen die beiden Matrosen den Schnauzbärtigen auf den Lkw und klettern dann ebenfalls hinauf.

Helle öffnet die Tür etwas weiter, schiebt sich durch den Spalt und lehnt sich an das kalte Holz. Er will, dass Arno ihn sieht, und Arno bemerkt ihn auch, doch er verzieht keine Miene.

Eine Frau in einem sehr dünnen Mantel löst sich aus der Menge der Neugierigen.

»Wo bringt ihr sie denn hin?«

Der Hauptmann beachtet die Frau nicht, befiehlt den Soldaten aufzusteigen und will um die Frau herum. Entschlossen tritt sie ihm in den Weg.

Helle sieht, wie Arno sich spannt, wie er sekundenlang ganz steif wird, und weiß sofort, dass Arno sich nur deshalb die ganze Zeit so still verhalten hat, weil er auf eine günstige Gelegenheit zur Flucht wartete. Die scheint ihm jetzt gekommen zu sein; die Soldaten neben ihm haben nur Augen und Ohren für ihren Hauptmann und die Frau.

Auch der Junge mit der Narbe richtet sich ein wenig auf, wartet darauf, dass Arno ihm ein Zeichen gibt, und springt dann genau in dem Moment, in dem der Hauptmann die Frau anherrscht, sie solle verschwinden, mit Arno zusammen auf. Sie stoßen die Wachposten neben sich zur Seite, springen vom Lkw und rennen los, der Junge in Richtung Münzstraße, Arno in Richtung Linienstraße.

Sofort laufen die Soldaten in die Straßenmitte, knien sich hin, legen ihre Gewehre an und schießen. Mitten im Lauf bleibt Arno auf einmal stehen, dreht sich um die eigene Achse und fällt. Der Junge verschwindet in einem Hausflur, drei der Soldaten folgen ihm.

Helle wartet darauf, dass Arno wieder aufsteht, weiterläuft oder sich gefangen nehmen lässt, doch der riesige Matrose rührt sich nicht. Mit vorgehaltener Pistole tritt der Hauptmann auf ihn zu und beugt sich über ihn. Dann steckt er seine Pistole weg und winkt zwei Soldaten heran.

Der Matrose Arno wurde auf der Flucht erschossen, Helles Freund Heiner hatte mehr Glück. Zwar ist er nun schon zum zweiten Mal verwundet worden – diesmal hat die Kugel ihn ins Bein getroffen –, aber er hat sich noch zu den Gebhardts flüchten können. Jetzt, da es ihm wieder besser geht, hat er angekündigt, tags darauf nach Heinersdorf zurückkehren zu wollen.
Und am Vormittag ist Anni fortgezogen. Ihre Mutter wird einen verwitweten Bauern heiraten. Sie hofft, dass die frische Landluft Anni vielleicht doch wieder gesund macht ...

Es ist Nacht. Martha liegt auf dem Sofa und schläft, Helle wälzt sich auf den neben dem Küchenherd ausgebreiteten Matratzen herum und kann einfach nicht einschlafen. Es ist die letzte Nacht auf diesen Matratzen, morgen Abend können Martha und er wieder in ihr Bett, doch er würde liebend gern noch ein paar Nächte auf sein Bett verzichten, wenn er damit erreichen könnte, dass Heiner noch ein bisschen bleibt.

Heiner will nachdenken, will Ruhe haben. Das kann Helle verstehen, er muss auch über so vieles nachdenken, trotzdem: Der Abschied kommt ihm zu schnell. Da kann er sich hundertmal sagen, dass er Heiner ja besuchen kann, sooft er Zeit hat und sooft er will, ein letzter Rest von Traurigkeit bleibt doch zurück.

Auf jeden Fall wird er gleich nächste Woche zu Anni fahren. Das hat er sich fest vorgenommen und das wird er auch tun ... Ob sie jetzt vielleicht auch gerade an ihn denkt? In der fremden Umgebung kann sie sicher nicht gleich einschlafen ...

Martha dreht sich unruhig hin und her und spricht im Schlaf. Es klingt wie eine Bitte.

Sie versteht so vieles noch nicht und guckt manchmal doch so, als begreife sie alles. Man müsste in sie hineingucken können ... Man müsste in so viele Menschen hineingucken können, vielleicht wüsste er dann mehr, vielleicht könnte er dann vieles besser verstehen.

Nun kann Helle endgültig nicht länger liegen bleiben. Er schlingt sich die Decke um die Schultern, zündet die Petroleumlampe an und setzt sich damit auf die Fensterbank. Dann nimmt er das Foto in die Hand, das Heiner ihm geschenkt hat.

Zwei junge Matrosen vor einer Landebrücke: Heiner und Arno. Aber nicht Heiner und Arno, wie er sie kennen gelernt hat, sondern zwei wesentlich jüngere, abenteuerlustig in die Kamera grinsende Burschen ... Still lehnt Helle den Kopf an die Wand und schaut zum Himmel hoch.

Es ist eine wolkenlose Nacht, die Sterne glitzern kalt. Herr Flechsig hat mal darüber gesprochen, wie lange es schon Sterne gibt, hat gesagt, sie waren immer schon da und werden immer da sein. Wenn das stimmt, geht nichts zu Ende, geht das Leben immer weiter, was auch passiert. Ein schönes Gefühl.

Anhang

Aujuste: Kaiserin Auguste Victoria

Friedrich Ebert: 1871–1925, sozialdemokratischer Politiker, trat während des Ersten Weltkriegs für einen Burgfrieden mit der kaiserlichen Regierung ein. Wurde noch von der kaiserlichen Regierung zum Reichskanzler ernannt und war von 1919–1925 deutscher Reichspräsident.

Karl Liebknecht: 1871–1919, bis 1916 sozialdemokratischer Reichstagsabgeordneter. Mitbegründer und zusammen mit Rosa Luxemburg Führer der Spartakusgruppe.

Rosa Luxemburg: 1870–1919, Mitbegründerin der KPD (Kommunistische Partei Deutschlands), die sich gegen eine zentralistische Parteiführung ausspract und für einen demokratischen Sozialismus eintrat. Sie wurde – ebenso wie Karl Liebknecht – am 15. Januar 1919 von Freikorpsoffizieren ermordet.

Spartakusgruppe: Bezeichnung für den äußersten linken Flügel der SPD, am 1. Januar 1916 von Karl Liebknecht, Rosa Luxemburg und anderen gegründet. Am 30. Dezember 1918 ging aus dieser Gruppe die KPD hervor.

Tuberkulose: Chronische Infektionskrankheit, die während des Ersten Weltkriegs, bedingt durch die überaus schlechte Ernährungslage der Bevölkerung und mangelnde ärztliche

Versorgung, zur grassierenden Seuche wurde. Obwohl inzwischen erfolgversprechende Behandlungsmethoden entwickelt worden waren, starben 1916 in Berlin genauso viele Menschen an dieser Krankheit wie 1886. Die häufigsten Opfer: Frauen und Kinder.

**Die Trilogie der Wendepunkte
von Klaus Kordon**
Das Schicksal der Familie Gebhard
aus der Ackerstraße 37 in Berlin über drei Generationen

1918/19
**Die roten Matrosen oder
Ein vergessener Winter**
Roman. Mit einem Nachwort des Autors
Fototafeln im Vor- und Nachsatz
Gulliver Taschenbuch (78771), 488 Seiten
*Ausgezeichnet mit dem Zürcher Kinderbuchpreis
»La vache qui lit« und dem Preis der Leseratten des ZDF*

1932/33
Mit dem Rücken zur Wand
Roman. Mit einem Nachwort des Autors
Fototafeln im Vor- und Nachsatz
Gulliver Taschenbuch (78793), 468 Seiten
*Ausgezeichnet mit dem Holländischen Jugendbuchpreis
»Der silberne Griffel«, dem Zürcher Kinderbuchpreis
»La vache qui lit« sowie dem Preis der Leseratten des ZDF*

1945
Der erste Frühling
Roman. Mit einem Nachwort des Autors
Fototafeln im Vor- und Nachsatz
Gulliver Taschenbuch (78802), 524 Seiten
*Ausgezeichnet mit dem Buxtehuder Bullen
und dem Evangelischen Buchpreis*

www.beltz.de
Beltz & Gelberg
Beltz Verlag, Postfach 10 01 54, 69441 Weinheim